Mario Adorf

Bilder meines Lebens

mit Textbeiträgen von
Mario Adorf, Peter Berling, Helmut Dietl,
Günter Grass, Elke Heidenreich,
Armin Mueller - Stahl und Volker Schlöndorff

Kiepenheuer & Witsch

Mario Adorf – 75

Vorwort von Peter Berling

Braun gebrannt und muskulös sitzt er im Schatten unterm Segeltuch und schaut aufs Meer. So möchte ich auch aussehen, wenn ich 75 bin. Keine Chance!

Mit dem Schwinden der Jugendjahre einhergehend, raufen wir uns jährlich mindestens einmal zusammen, um dem unabwendbaren Altern energisch zähen Widerstand zu leisten. Wir pilgern zu den »Thalasso«-Stationen der Bretagne. Von Quiberon bis Saint-Malo, von Dinard bis Les Sables d'Olonne haben wir fast alle durch. Meerwasser als kalter Strahl, Algen als strenge Diät. Während ich immer wieder versuche, dem Kalorienplan ein Schnippchen zu schlagen, verfährt Mario mit sich weitaus rigoroser als vorgesehen: sich Kasteien als zusätzliche Disziplin! Abgenommen haben wir noch jedes Mal am Ende der harten Kur beide gleich viel, Mario schwört dann, dass er sein Gewicht nunmehr halten werde. Aber unser gemeinsamer Feind lauert schon: ›Er Belli‹, unsere geliebte sardische Schlemmerküche in Trastevere. Kaum ist Mario auf dem römischen Flughafen gelandet, klingelt bei mir das Telefon, Todò (unser gemeinsamer Taxifahrer, der eigentlich Themistokles heißt) mahnt mich in Marios Namen an, bloß nicht zu vergessen, den Tisch zu bestellen sowie die Spezialität des Hauses: ›Spigola al sale‹. Da sind wir uns einig, aber beim Wein scheiden sich die Geister. Marios Kennerblick wandert die linke Seite der ›Carta dei Vini‹ hinunter, dort wo hinter DOC die Jahrgänge angegeben sind, während meiner beklommen seinem Finger auf der rechten Seite abwärts folgt, wo die ›Prezzi‹ verzeichnet sind. Die Lektion lässt nicht lange auf sich warten: »Peter, das Leben ist zu kurz, um nicht den Besten zu trinken – und wird durch Billigeren weder länger noch besser!«

Der Schauspieler Mario Adorf ist mir auf jeder darstellerischen Ebene haushoch überlegen, das merke ich spätestens, wenn wir den gleichen Witz zum Besten geben. In dieser Eigenschaft als Schauspieler flößt mir seine Professionalität noch heute oft gelinden Schrecken ein, nicht weil er – im Gegensatz zu mir – das Metier von der Pike auf gelernt hat und – Mutter Alice sei Dank! – ein umwerfendes Talent in die Wiege gelegt bekam, sondern ob der Verbissenheit, mit der er sich in seine Rollen hineinzuleben versteht, diese gnadenlose Selbstunterwerfung, die ihn antreibt, sich in jedes Detail hineinzuwühlen! Rückwirkend betrachtet eint uns eine nicht zu leugnende Vorliebe für Kirchenfürsten und Mafiosi. Doch während bei der Mafia die Hackordnung fest-gelegt war (immer durfte Mario mich abknallen, in Betonmischer schmeißen, unter stürzenden Lastkrähnen begraben – ich ihn nie!), ergab sich bei der hohen Geistlichkeit schon eher die Gelegenheit, dem anderen eins auszuwischen.

Ich erinnere mich an die Dreharbeiten zu *Franziskus*, das Leben des heiligen Franz von Assisi. Im weiten Hügelrund hocken die Brüder auf steinigem Boden und schauen erwartungsvoll auf ihren Francesco, nur der anwesende Kardinal aus Rom (Mario als der spätere Papst Gregor IX.) und sein Bischof Guido II. von Assisi (meine Wenigkeit) sitzen der Szene auf mächtigen Feldstühlen vor. Die Regisseurin Liliana Cavani ist mit ihrem Heiligen (Mickey Rourke) voll beschäftigt, und Mario weist mich auf einen der sorgsam ausgesuchten Komparsen hin: »Der ist noch dicker als du!«

Als ich mich nach zufrieden stellendem Abschätzen wieder Mario zuwenden will, ist der samt Stühlchen drei Meter nach vorne gerutscht, und ich bin, was die nächste Szene anbelangt, klar im Hintertreffen. Also finde ich etwas, was Mario noch mehr fesselt als Mönche, nämlich die Schwestern der Heiligen Clara. Er wendet sich ihnen lange genug zu, was mir reicht, um ihn meinerseits gleich um fünf Meter zu überholen. Das Spielchen trieben wir weiter, bis uns die empörte Regisseurin zurückscheuchte, weil wir voll in das Blickfeld der Kamera geraten waren. Dann kam unsere große Szene: Francesco rutscht auf Knien auf uns zu, natürlich erst zum Kardinal, der sich gütig herabbeugt und dem lieben Bruder die Wange tätschelt, und dann wendet sich Francesco endlich mir zu. Vom Drehbuch in keinster Weise vorgesehen, lasse ich mich von meinem Stühlchen auf die Erde sacken und umarme ihn Aug in Aug wie einen Bruder. Hinter mir zischt Mario (in der italienischen Originalversion durchaus zu hören): »Du Sau!«

Eine weitere Leidenschaft, die wie alle Leidenschaften mit zunehmendem Alter schwächer wird, sind für uns Spiele, vom Würfeln bis zum Tennis. Würfeln kann zur bizarren Manie werden, vor allem, wenn man wie Mario ständig neue Regeln ersinnt, sobald man sich auf der Verliererstraße befindet. Mario kann auch beim Spiel seinen Ehrgeiz nie ganz abschalten.

Doch er konnte sich durchaus als guter Verlierer erweisen. Bei einem der zahllosen Mafiafilme war sein Partner ein blutjunger und entsetzlich unbegabter Italiener, nach drei Tagen platzte Mario der Kragen, brüllend verlangte er eine sofortige Umbesetzung, er würde sogar selbst für die Kosten aufkommen. Doch das italienische Team reagierte kühl, fast indigniert, der Produktionsleiter vermerkte: »Wenn du so rumschreist, Mario, könnte das für dich sehr ungesund sein.« Und der Star explodierte. »Ihr wagt es mir zu drohen?!« Der Regisseur zog den Widerstrebenden beiseite: »Mario, du weißt, wer mein Vater ist?« »Nee!« »Mario, mein Vater ist Don Pipo und der Vater deines Filmpartners ist Don Matteo und wir haben ihm versprochen –« Mario hatte verstanden, er hob die Hände »Come non detto!« (was so viel heißt wie ›wurde nie gesagt!‹) und die Sache war erledigt.

Es ist nur recht und billig, dass ich dem Älteren zugestehe, dass ich von ihm wahrscheinlich mehr gelernt habe als er von mir. Damit meine ich nicht nur darstellerische Qualitäten, bei denen ich überhaupt nicht mithalten kann, sondern vor allem Charaktereigenschaften, Charakterstärke. Vielleicht konnte ich ihm manches durch Ausgeglichenheit und Gelassenheit zurückgeben. Sicher nicht alles. Mario ist einer der beharrlichsten Dickköpfe, die ich kenne. Wie oft habe ich ihm zugeredet wie einem störrischen Gaul, sich die Rechte eines Stoffes vertraglich zu sichern, den er einzig und allein mit sich in der Hauptrolle sah! Wenn der dann mit jemandem anderen realisiert wurde, empfand er das nicht nur als mangelnden Respekt ihm und dem Film gegenüber, sondern auch als ausgemachten Schwachsinn! Oft hatte er Recht. Ich kenne wenige Menschen mit solch umfassender Allgemeinbildung und Lernbegier, wissenschaftlichem Interesse und kulturellem Bewusstsein, ideal gepaart mit einem phänomenalen Gedächtnis und größter Neugier! Dass solche Menschen sich an Ignoranz heftig stoßen, liegt auf der Hand!

In seinem Wesen ist Mario stets ein großzügiger Mensch geblieben, freimütig in seiner liberalen Gesinnung, freigiebig und hilfsbereit im Umgang mit Freunden. Als ich Anfang der sechziger Jahre meinen ersten Kurzfilm produzierte (Alexander Kluges Regiedebüt), fehlte uns am Ende – außer Geld – noch der Sprecher des Kommentars. Auf den vielseitig talentierten jungen Schauspieler der ›Münchner Kammerspiele‹ aufmerksam gemacht, standen Kluge und ich bald darauf vor seiner Haustür in Grünwald. Mario trat heraus und ich sagte mein Jungfilmersprüchlein auf, als es um das Honorar ging. »Aber eine Flasche Whisky wird ja wohl noch drin sein?!«, bollerte der damals schon berühmte Mime jovial. Ich nickte erfreut und der Film erhielt sogar das Prädikat ›wertvoll‹.

Noch heute, wenn wir uns gelegentlich mit Vorhaltungen jeglicher Provenienz überschütten, fällt unweigerlich auch der Satz: »– und die Flasche Dimple hab' ich auch nicht gekriegt!« Nie wird Mario sie bekommen und er weiß das! Warum sollten wir uns des Erinnerns an die frühen Jahre berauben?
Mario sitzt braun gebrannt unterm Segeltuch am Strand von Saint-Tropez und schaut versonnen aufs Meer hinaus.
Der Spruch ist längst zum Amulett einer langen Freundschaft geworden.

Rom, 30.05.2005

Im winterlichen Rom – ein gemeinsamer Auftritt der beiden Freunde

Peter Berling, Jahrgang 1934, wurde bekannt als Produzent der ersten Filme von Alexander Kluge, Werner Schroeter und Rainer Werner Fassbinder. Als Schauspieler wirkte er in über siebzig Filmen mit und seine Rolle als Bischof von Assisi inspirierte ihn zu seinem ersten historischen Roman »Franziskus oder das zweite Memorandum«. Mit seiner Grals-Tetralogie gelang ihm der weltweite Durchbruch als Schriftsteller. Seit 1969 lebt er in Rom.

Kindheitstage

Das Eifelstädtchen Mayen – hier das Brückentor. Mit solchen Zeichnungen verdiente sich der Schüler Mario ein kleines Taschengeld.

Kindheitstage 13

Die junge Alice – von der Schweiz über Italien in die Eifel

Mario Adorf. 1930 wurde er geboren, in Zürich, als uneheliches Kind seiner Mutter Alice. Der Vater war ein süditalienischer Chirurg, verheiratet, er hatte vorgeschlagen, dass Alice, die Röntgenassistentin war, in seiner Nähe bleibe und das Kind doch weggeben möge. Empört nahm sie ihr Kind und ging zurück nach Mayen in die Eifel, wohin sie eigentlich nie mehr hatte zurückkehren wollen – und da wuchs er auf, Mario, ein Junge, der anders hieß als die anderen und der mit seinen schwarzen Haaren und Augen auch anders aussah. Gab es Hänseleien?

Er denkt nach. Wenn es welche gab, haben sie ihn nicht tief getroffen, nicht verletzt. »Ich war schon anders«, sagt er dann, und dass die Nonnen, in deren Waisenhaus, dem »Spitälchen«, er vom dritten bis neunten Lebensjahr war, froh waren, als sie im Heiligenkalender einen heiligen Marius fanden: Na bitte, das Kind »heißt« doch katholisch!

Das Waisenhaus musste sein, weil Mutter Alice bei feiner Kundschaft nähen ging und das Kind nicht mitnehmen konnte. Und das Leben im Waisenhaus war beendet, als es die Nazis 1939 pünktlich zum Kriegsbeginn schlossen und als Lazarett brauchten. Das »Spitälchen« wurde wieder zum Spital. Hat er gelitten dort, war er glücklich, wieder nach Hause zu kommen?

Nein, sagt er, die Nonnen waren nett, und er fand es auch sehr schön, Ministrant zu sein und herrliche lateinische Liturgien aufzusagen – erste schauspielerische Übungen. Die anderen murrten, denn wenn er ministrierte, dauerte die Messe zehn Minuten länger, weil er nichts wegließ, nichts ein bisschen schneller hudelte, sondern jede Silbe betonte und auskostete: »Confiteor Deo omnipotenti, beatae Mariae semper Virgini, beato Michaeli Archangelo, beato Joanni Baptistae, sanctos Apostolis Petro et Paulo ...« Man hätte doch mal ein paar Heilige weglassen können, aber nein: Das war Marios erster Bühnentext. Aus Rache musste er ausdauernd im Hof Kartoffeln schälen. Aber es war auch schön, dann mit neun Jahren wieder bei der Mutter zu leben und sogar ein kleines Dachzimmerchen als erstes eigenes Reich zu bekommen.

Mario Adorf erzählt gern von früher, aber nicht wie ein Wasserfall. Zögernd kommen die Erinnerungen, behutsam. Er fällt über niemanden harte Urteile, ist bemüht, die Zeit, die Menschen, sein eigenes Leben zu verstehen.

»Irgendwie war ich doch ein Außenseiter«, gibt er zu und erklärt, warum er in den Boxclub ging. Er wollte sich wehren gegen eine Straßenbande, die ihm regelmäßig auflauerte, wenn er vom Hamstern kam, und die ihm alles abnahm. Und die ganze Bande war natürlich prompt auch im Boxclub und vermöbelte ihn nun dort, einmal, zweimal, dann war Ruhe.

Kindheitstage 15

Ein Deutscher in der Schweiz – Großvater Kaspar Adorf mit Frau und Kindern, links die kleine Alice.

Er bastelte sich sein Selbstbewusstsein früh selbst, und die Mutter unterstützte ihn dabei: »Du brauchst dich vor niemandem zu verstecken«, sagte sie, wenn sich jemand etwas Besseres dünkte: »Der ist auch keinem Grafen aus dem Arsch gekrochen.«

Trotzdem war der Junge aus den einfachen Verhältnissen unsicher in den Häusern reicherer Klassenkameraden: »Fühl dich wie zu Hause, aber benimm dich nicht so!«, hatte die Mutter eines Schulkameraden zu ihm gesagt und ihn damit tief gekränkt. »Wie konnte die so was sagen? Was wusste die von meinem Zuhause?«

Zu Hause lernte er, sich »anständig« zu benehmen. In den Zeugnissen stand: »Er ist vorlaut.« Adorfs Mutter Alice war nicht gebildet, aber klug. Selbst schon mit neun Jahren Waise geworden, gab sie ihm vielleicht zu wenig Wärme, wenig Zärtlichkeiten, aber immer moralischen Halt. »Wer weiß, wozu es gut ist«, sagte sie weise, als die Napola, die politische Nachwuchsschule der Nazis, Adorf wegen des nicht lupenreinen Ahnenpasses abgelehnt hatte. Sie nähte für ihn: Der kleine Mario wurde in schwarze Samthosen und weiße Rüschen-

16 Kindheitstage

hemden gesteckt, und dann ging die ledige Alice in Mayen stolz mit ihrem Sohn spazieren, egal, was die Nachbarn tuscheln mochten. Gab es zu Hause Bücher? Nein, sagt er. Es war arm, es war eng, aber es gab ein medizinisches Buch, in dem man alles für das erwachende sexuelle Interesse nachschlagen konnte. Spielte das Theater, spielte Kultur schon früh eine Rolle? »Ich hab ein bisschen gemalt, gezeichnet«, sagt Adorf. Er hat auch Flöte gespielt – für ein Klavier fehlte das Geld –, und er ist, wenn Gastspiele kamen, in Mayen ins Theater gegangen: »Des Teufels General« und »Tartuffe« mit dem großen René Deltgen. »Den habe ich dann wunderbar nachgemacht«, sagt er und grinst. Es gab die Anker Lichtspiele mit Filmen wie »Die Frau meiner Träume«, es gab Operetten und Konzerte mit Heinrich Schlusnus, dem großen Bariton.

Mario Adorf hat sich das, was er brauchte, zusammengesucht im engen Eifelstädtchen Mayen. In die sprichwörtliche Wiege war ihm nichts gelegt worden – doch: vielleicht das Talent für Sprachen: die Mutter aus einer elsässischen Familie, der Vater Italiener, er selbst aufgewachsen in Deutschland – Mario Adorf spricht fließend vier Sprachen, das ist für ihn, als würde er einfach nur die Tür zum Nachbarzimmer aufmachen »schon bin ich drin in der anderen Sprache«. War er ein guter Schüler? Hat die Mutter ihn gedrängt, wollte sie »etwas Besseres« für ihren Sohn? »Nein«, sagt er. »Meine Mutter hat gesagt: Wenn du lernst, ist es gut, dann bleibst du auf der Schule. Wenn du nicht lernst, wirst du Metzger.« Er lernte, wusste nicht, was er werden wollte – »Schauspieler wurde man nicht!« –, und trieb Sport: Boxen, Hockey, Fußball. Die Mädchen mochten ihn, er war oft und gern verliebt, und als er sich einmal von einer Gruppe falscher Freunde trennte, zogen die unter seinem Fenster her und sangen zur Melodie von »Pomp and circumstances« ein Spottlied auf ihn: »Künstler, Minister, Mario! Angeber bei de Frauleut!«

Mutter Alice, fein gemacht für den Spaziergang

Kindheitstage 17

Vater Matteo Menniti, ein Arzt aus Süditalien, dem Mario Adorf nur ein einziges Mal begegnen wird.

Liane hieß die große Kinderliebe, Ellinor die erste Freundin, die so viel konnte, das bessere Abitur gemacht hatte, und dann, sagt er fassungslos, »dann ging sie zur Post!«

Ich erzähle ihm von einem der schönsten Gedichte, die der Waliser Dylan Thomas geschrieben hat – »Im Laternenschein«, eine Erinnerung an die Kindheit, und da heißt es: »The ball I threw while playing in the park/has not yet reached the ground« – Der Ball, den ich im Park beim Spielen warf, er fiel noch nicht zu Boden. Ist ihm seine Kindheit auch noch so nah? Das Bild gefällt ihm und er ergänzt es: »Du kriegst in deinem Leben eine Anfangsgeschwindigkeit, wirst losgeschickt wie ein Ball, fliegst und fliegst und landest – mein Ball flog.«

Und er sagt, dass er sich oft darüber gewundert hat, dass die, die so viel bessere Ausgangssituationen hatten als er, nichts daraus gemacht haben. Er hat sie überholt, »ich habe mich nicht beschieden«, sagt er vorsichtig.

Er ist nicht Metzger geworden und auch nicht zur Post gegangen. Er ist nach Mainz gegangen, an die Landesuniversität, die kein Schulgeld kostete, und hat

18 **Kindheitstage**

8. September 1933
– der dritte Geburtstag

studiert, hat sich weitergetastet. Medizin – ausgeschlossen. Jura – zu lang-
weilig. Shakespeare kannte er, das interessierte ihn – also ein bisschen
Literatur, Psychologie, Musikgeschichte, sogar Kriminologie. Damals durfte
man auf der Universität noch suchen. Im Studententheater machte er mit, als
Bühnenbildner, Plakatmaler, er hat sogar geschminkt – und dann sprang der
Funke über: Schauspieler. Er musste es allein herausfinden, da war kein
Förderer, kein Vater, kein Ratgeber, da war nur ein sicherer Instinkt für das, was
der junge Mario wollte und was er nicht wollte. »Ich hätte aber gern jemanden
gehabt, der mich ein bisschen angeleitet hätte.«

Doch da war niemand. Da war der Nachbar, Öhm Fupp, der ihn im Auto mit-
nahm zum Nürburgring. Aber es gab niemanden, der eine Richtung für das
beginnende Leben gewiesen hätte, und, sagt Mario Adorf, »ich konnte mich
nie bewerben, hervortun, irgendwo hingehen und mich anbieten«. Er konnte
sich auch nie beklagen: der Putztrampel, der ihn im Waisenhaus grundlos ein-
sperrte und vermöbelte, kam ungeschoren davon. Aber der Zorn auf diese
grobe, dumme Frau ist heute noch da.
An den Krieg hat er deutliche Erinnerungen. Schon vor 1939 gab es Luftschutz-
und Verdunkelungsübungen, dann kamen die Bombennächte in Kellern, und

Kindheitstage 19

immer war da der Hunger. Die Nacht, in der die Synagogen brannten und die Juden auf Lastwagen getrieben wurden, hat er krank im Bett verbracht, all seine Mitschüler waren draußen, plünderten, kamen aufgeregt zurück und sagten: »Du hast ja was verpasst!« Wer weiß, wozu es gut ist ... Mario hat nichts verpasst, er hat neben Schwester Arimathäa am Fenster gestanden und gehört, wie sie murmelte: »Die armen Menschen, die armen Menschen!« Und er hat sie gefragt: »Was sind das für Leute?« »Das sind Juden«, sagte die Schwester und weinte, und »da fing ich auch an zu weinen«.

Später trat Mario Adorf dem Fanfarenzug des Jungvolks bei, er blies eine Fanfare und marschierte mit und unterhielt die Freunde mit der Persiflage einer Hitlerrede: »Volksgenossen, Volksgenossinnen! Es muss einmal die Wahrheit gesagt werden: wo derrr deutsche Soldattt steht, kommt keine Verpflegung hin!« So etwas war nicht ungefährlich.
Den Vater hat er erst spät, als erwachsener Mann, getroffen: Da sprach er noch kein Italienisch, der Vater kein Deutsch, die ernüchternde Begegnung dauerte zehn Minuten. Aber mit einer seiner Stiefschwestern hat er sich später lange unterhalten. Er beneidet sie nicht um ihre überwachte, bürgerliche Kindheit mit strenger italienischer Erziehung. »Du hattest mehr Freiheit«, sagte Pina, »und

22 Kindheitstage

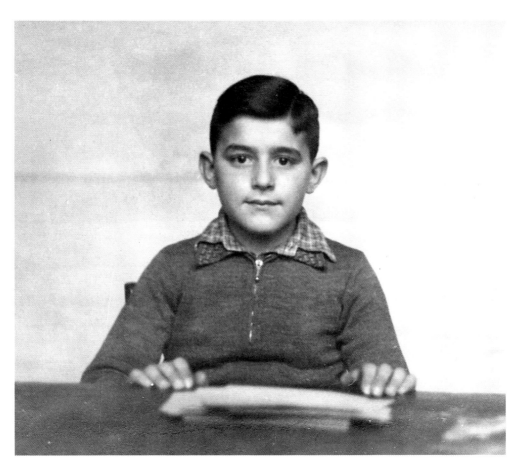
Als Sextaner auf dem Gymnasium, 1941

du konntest immer bei deiner Mutter sein.« Die Chirurgenkinder hatten eine Amme. Mario Adorfs Mutter ist über neunzig Jahre alt geworden. War sie stolz auf ihn? Er lächelt: »Sie hat mir als Mann nie so ganz getraut«, sagt er. Sie war immer auf Seiten seiner Freundinnen, seiner Frau. Er hat ein Buch über sie geschrieben. Die Kindheit treibt ihn mehr um, als er vielleicht zugeben möchte. Sie ist, wie bei vielen Künstlern, der fruchtbare Grund, auf dem das Talent wachsen konnte, und vielleicht muss man alt werden, um zu verstehen, dass eine nicht ganz gradlinig, nicht ganz glücklich verlaufene Kindheit für später ein gutes Rüstzeug ist.
Der Ball aus Mario Adorfs Kindheit fliegt noch immer.

Elke Heidenreich

Auf Gutenbergs Spuren

Mainzer Studienjahre

*Ein Studentenjob:
Als Eisenbieger half er beim Bau der ersten Werkshallen der Schott AG in Mainz, 1952.
Hier mit dem Vorstandsvorsitzenden Dr. Udo Ungeheuer, 2002.*

Auf Gutenbergs Spuren 25

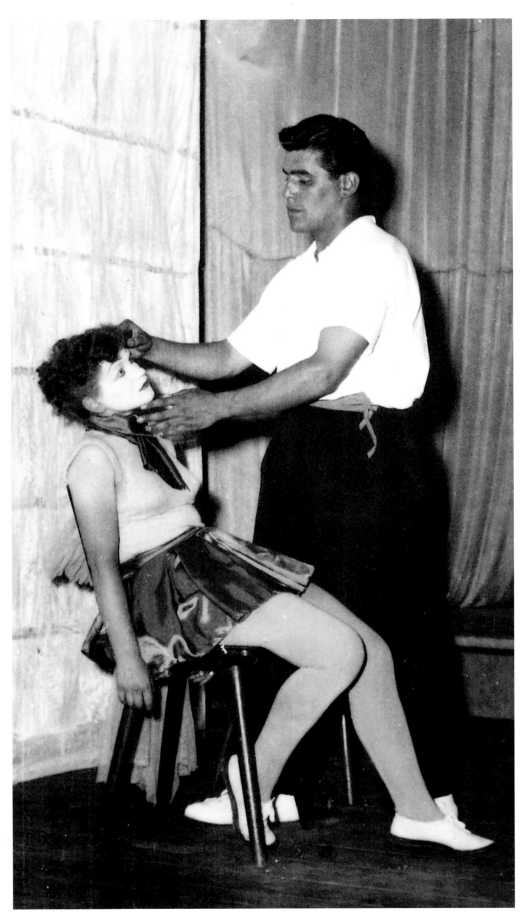

Der Funke springt über – am Studententheater Mainz reift der Wunsch, Schauspieler zu werden. 1952

Mit Studienfreund Erwin Lotzen bei der Hoover-Speisung im Sommersemester 1951

Auf Gutenbergs Spuren 27

Auf Zimmersuche in München kam ich zufällig durch die Herrnstraße, gleich neben den Münchner Kammerspielen. An einem alten Haus, dessen Fassade noch Spuren des Krieges trug, fiel mir ein blaues Emailschild mit roter Schrift ins Auge: OTTO-FALCKENBERG-SCHULE
Schauspielschule der Münchner Kammerspiele

Die Tür war offen, auch wenn das Haus leer zu sein schien. Dann eine Stimme mit schwerem bayerischen Akzent: »Die Schule ist geschlossen, und für dieses Joar isses eh zu spät.« – »Ich wollte mich ja nur mal erkundigen.« – »Na ja, wanns scho do sann«, knurrte der Hausmeister und gab mir ein Aufnahmeformular.
Ein paar Wochen später stand ich in Mayen hoch oben auf einem Gerüst am Marktplatz. Ich arbeitete als Hilfsarbeiter am Bau. Auf einmal sah ich meine Mutter nicht weit vom Marktbrunnen stehen. Sie hatte etwas Weißes, wohl einen Brief, in der rechten Hand und schlug damit vorwurfsvoll fragend auf die linke Handfläche. Ich stieg vom Gerüst, wortlos gab sie mir den Brief. Absender: Otto-Falckenberg-Schule München. »Wieso hast du mir nichts davon gesagt«, fragte sie. Ich hatte es vergessen, es war mir tatsächlich entfallen, dass ich noch in München den Aufnahmeantrag samt Lebenslauf abgeschickt hatte. Und nun die Antwort: »... bitten wir Sie, sich am 31.3. morgens 8.00 Uhr zum mündlichen Vorsprechen einzufinden. Gerd Brüdern, Schulleiter«

Pünktlich um acht sitze ich in der düsteren Halle im Hochparterre der Falckenberg-Schule.
»Wie viele Bewerber?«, frage ich ungläubig meinen Nachbarn, »über zweihundertfünfzig? Und wie viel nehmen sie?«
»Höchstens sechzehn.«

... Was? Ich bin dran? Ich komme. Drei Stufen auf einmal nehme ich auf der Treppe nach oben. – Soll ich anklopfen? Nein, sich jetzt nur nicht beeindrucken lassen, ganz locker sein. »Na, dann schießen Sie mal los!«
Drei Minuten später schießt ein entfesselter Max Piccolomini mit langem Anlauf aus dem Hintergrund, mit einem verzweifelten, sich überschlagenden »BLAAAST!« auf die Rampe zu, kann den Lauf nicht bremsen, schießt über die Rampe hinaus,

28 Vorspiel auf dem Theater

In Richard Nashs ›Der Regenmacher‹, Kammerspiele München 1956. Regie führte August Everding – der Beginn einer lebenslangen Freundschaft.

schwebt einen Augenblick im Bodenlosen und stürzt krachend auf den Parkettboden des Saals.

Da ist nur ein großes peinliches Schweigen, und in dieses Schweigen von den Lippen des Gestürzten ein allzu deutliches: »SCHEISSE!«

Gelächter, erbarmungslos. ›Aus DER TRAUM‹, denkt der am Boden, ›Aus, ENDGÜLTIG AUS!‹ Er schleicht sich hinaus, sucht unten das Klo, schließt sich lange ein. Gegen Mittag geht er in das Büro. Frl. Putz, die Sekretärin, verschwindet im Büro des Schulleiters, kommt nach ein paar Minuten mit einem strahlenden Lächeln wieder heraus: »Herr Adorf, ich kann Ihnen ausnahmsweise heute schon die Nachricht geben: Sie sind aufgenommen!«

Vorspiel auf dem Theater 29

In der ›Schule der Diktatoren‹ von Erich Kästner, Kammerspiele München 1957

In Jean Anouilhs ›General Quixotte‹, Kammerspiele München 1960

30 **Vorspiel auf dem Theater**

Als Maikäfer in ›Peterchens Mondfahrt‹, Kammerspiele München 1955

Fernando Arrabal ›Picknick im Felde‹, Kammerspiele München 1960

32 Vorspiel auf dem Theater

Oben links: Thomas Wolfe, ›Das Herrenhaus‹, Kammerspiele München 1956

Unten links: ›Zwerg Nase‹, Kammerspiele München 1955

Auf Tournee mit ›Endstation Sehnsucht‹ von Tennesse Williams, 1962/63. Hier mit Partnerin Hannelore Schroth.

Vorspiel auf dem Theater 33

Die ungleichen Brüder – mit Horst Tappert in Richard Nashs ›Der Regenmacher‹

DIE ZWÖLF GESCHWORENEN   Zeichnung: Inge Auf dem Hövel

Lehrstück der Demokratie

Uraufführung der „Zwölf Geschworenen" in den Kammerspielen

Das angelsächsische Recht will, daß die Geschworenen ihren Schuld- oder Freispruch einstimmig fassen. Können sie sich nicht, wie's auf bairisch heißt, zusammenraufen, muß der ganze Prozeß mit andern Richtern, andern Geschworenen neu durchgeführt werden. In der unter seinem Filmtitel *Die zwölf Geschworenen* berühmt gewordenen Fernsehspiel von *Reginald Rose*, dessen deutsche Bühnenfassung — von *Horst Budjuhn* — uns Hans Schweikart sehr eindrucksvoll uraufführte, belehrt beim Aufgehen des Vorhangs die Stimme des Gerichtsvorsitzenden gerade jene zwölf über die beiden entscheidenden Punkte: Einstimmig müssen sie urteilen und schon dann auf „nichtschuldig" erkennen, wenn begründete Zweifel an der Schuld des Angeklagten bestehen.

Daß aber die zwölf die Möglichkeit haben, die schreckliche Last gerechter Urteilsfindung ganz abzuwerfen — daran wird erst erinnert, als bei den nun folgenden Beratungen der tote Punkt erreicht scheint. Zumindest für den Zuschauer geschieht das zu spät; denn kein Spiel wird richtig beurteilt, dessen Regeln der Beurteiler nicht von Anfang an alle kennt. Doch dies nur nebenbei. Wie jeder, der den Film sah, weiß, beginnt das Durchdenk- und Rekapitulierspiel der in ihrem Beratungszimmer an einem fürchterlich heißen New Yorker Sommernachmittag eingesperrten zwölf recht ungünstig für den des Vatermords angeklagten jungen Burschen, der übrigens nicht selber auftritt. Nur einer nämlich, der Geschworene Nr. 8, ist für „nichtschuldig", und er tut sich schwer, die Berechtigung seines Zweifels an der Schuld (denn mehr ist es nicht!) jenen elf begreiflich zu machen, die den Angeklagten für einen vom Gericht einwandfrei überführten Verbrecher ansehen. Ja, sie sind wütend auf den Aus-der-Reihe-Tanzenden, möchten nicht nur weil etliche baldmöglichst wegwollen, sondern so, wie die kompakte Mehrheit immer wütend ist auf den Unbequemen, der ihr zu widersprechen wagt. Das ist nicht einmal so sehr abwegig; denn irgendwie gehört es zum Mythos der Demokratie, daß die *Mehrheit* den Besitz des Wahren verbürge; andernfalls wäre Abstimmen ein mehr als fragwürdiges Ritual.

Aber gerade hier liegt das Verdienst des Autors: Sein Werk ist weit mehr als von der Gerichtssphäre mit Spannungen aufgeladener Reißer. Man kann es in all seinen Fassungen als Lehrstück der wahren Demokratie und zugleich als Spiegel der Gesellschaft von heute ansprechen, gerade weil es zeigt, daß Mehrheit zur sittlichen Größe erst dann wird, wenn jeder einzelne sich der Mühe der Wahrheitsfindung gewissenhaft unterwirft, auch wenn eigne Vorurteile, böse Triebe, Feigheit und Leichtsinn ihm das Finden und Übernehmen der Verantwortung noch so schwer machen.

Indem Rose vorführt, wie sich die anfängliche Mehrheit unter wütenden Attacken und teilweise beschämenden Selbstentlarvungen ganz allmählich doch der Meinung des Einzelgängers Nr. 8 zuwendet und eben damit die Revision ihres Schuldspruchs zu einem (lediglich auf begründeten Zweifeln beruhenden) Nichtschuldig-Sprechen anbahnt, hat der Autor zugleich — in actu — vorgestellt, wie schwer es die Demokratie hat, mit welch spröden und widrigen Mächten sie in den Menschen selber zu kämpfen hat, in Amerika wie überall! Ja, man würde von diesem „Gerichtstag", ob er nun im Film oder auf der Bühne vorüberzieht, zu wenig wahrnehmen, wollte man übersehen, daß zusammen mit den sehr unterschiedlichen Typen auf der Bühne auch das Publikum selber getestet wird. Und es ist kein geringer Triumph von Werk und Aufführung, wenn die Spaß- und Lachlustigen sowohl auf der Bühne wie im Parkett, die über komischen Einzelheiten zeitweilig vergessen, daß es sich von allem Anfang an um eine Entscheidung über Leben oder Tod eines Menschen handelt, aufs Ende zu mehr und mehr verstummen, weil sie überwältigt werden von der Bannkraft dieser elf Konversionen, bei denen es auch den Leichtfertigsten aufgeht, welche Abgründe der Mensch beherbergt und was ihnen gegenüber den Wert und die Würde des Menschen ausmacht und verbürgt.

Hans Schweikarts Inszenierung hat mit alledem einen starken Akzent an den Beginn der Winterspielzeit gesetzt; man sieht selten ein Publikum, das sich so einmütig ergriffen bei Darstellern und Spielleiter für ein empfangenes Gute bedankt wie diesmal. Dabei handelte es sich keineswegs nur um die schauspielerische Qualität. Daß sie sich neben dem Film, der sich seine Standardtypen jeweils frei aussuchen kann, behauptete, ihn sogar da und dort übertraf, spricht für die Leistung des von Schweikart dirigierten Ensembles.

Nr. 8 war mit *Kurt Meisel* vorbildlich besetzt; sein Mut, seine Intelligenz, seine Überzeugungskraft hatten um sich jene Stille, die zuletzt stärker wirkt denn alle robuste Krafthuberei Fleisches oder Geistes; man spürt in den Pantherschritten der Elastizität des guten Fechters, dessen Sanftmut und Wachheit mehr verheißen ist als ein nur so sportiver Sieg. Nicht weniger glücklich war sein Gegenpol, der bis zuletzt haßvoll Widerstehende (Nr. 3), mit *Benno Sterzenbach* besetzt. Dabei muß dieser mordlustige Mordskerl noch austragen, daß sein ganz persönliches Rachemotiv erst im letzten Augenblick aufgedeckt wird, was dramaturgisch immer fehlerhaft ist; denn erst beim wissenden (wiederholten) Sehen sieht man den Zuschauer die Figur ganz und von innen her!

Den unsympathischen alten Niese- und Miesepeter (Nr. 10) spielte *Herbert Hübner* gehörig nach vorn; den leichtfertigen indolenten Hanswursten (Nr. 7), den einzigen, der völlig gewissenlos handelt, gab *Mario Adorf*; *Kurt Stieler* den geschwätzten, aber ein bedenkenden und ermahnenden alten Herrn, *E. F. Fürbringer* den Gegentyp des seiner Intelligenz wie seiner sozialen Stellung hochmütig Vertrauenden, der sich aber doch umstimmen läßt, wenn Argumente ihn überzeugen. *Friedrich Domin* hatte die Rolle des Nr. 11 übernommen und im Sinne des Textes eindrucksvoll durchgeführt: als Emigrant aus Europa von freilich unbestimmter Herkunft. (Der Film hatte diese Figur zum Schweizer Uhrmacher neutralisiert, was die Textbezüge auf das leidvolle Emigrantenschicksal etwas schiefwickelte, aber der Figur selber einen auch sprachlich sehr viel bestimmteren

„Die zwölf Geschworenen" jetzt auf der Bühne

München, im Oktober

Daß erfolgreiche Theaterstücke zu ebenso publikumswirksamen Filmen umgemodelt werden, ist ein längst bewährtes Rezept. Schwieriger und deshalb seltener ist das ungekehrte Verfahren, die Projektion von der Leinwand auf die Bühnenbretter. Bei den „Zwölf Geschworenen", die Intendant Hans Schweikart in seinen Münchener Kammerspielen als Schauspiel in drei Akten inszenierte und uraufführte, ist die Entstehungsgeschichte noch etwas komplizierter. Denn ehe der gleichnamige Filmstreifen zu uns kam, war der Stoff schon als Fernsehspiel über alle amerikanischen TV-Sender gelaufen.

Die Bühnenbearbeitung, die der Berliner Dramaturg und Drehbuchautor Horst Budjuhn getreu dem Originalmanuskript von Reginald Rose, war schon deshalb fällig, weil dieser moralische Reißer eines der Grundgesetze des Dramas, die Einheit von Ort und Zeit, in idealer Weise erfüllt. Das Stück spielt — was der Film so außergewöhnlich machte — von Anfang bis Ende im Beratungszimmer eines New-Yorker Gerichts; es bezieht seine Spannung ausschließlich aus dem Dialog, aus dem Ringen von zwölf zusammengewürfelten Durchschnittsmenschen um die Rechtserkenntnis aus einem Mordfall.

Das Schauspiel nun — ein Vergleich zu ziehen — ist in mancher Hinsicht noch beklemmender als der Film. Budjuhn verwandelte zum Beispiel einen der charakterfestesten Geschworenen, dem das Drehbuch als Schweizer Einwanderer „neutralisiert", in einen politischen Flüchtling aus Osteuropa und läßt ihn (eine Glanzrolle für Friedrich Domin) einige bittere Wahrheiten sagen. Der sentimentale Schlägertyp dagegen, der bis zuletzt stur auf seinem Schuld-Vorurteil beharrt, bekommt in der Bühnenfassung makabre Züge, die deutlich auf gewisse europäische Arten hinweisen. Benno Sterzenbach spielt ihn bis zur Weißglut aus. Hervorragend noch unter den Geschworenen: Kurt Meisel als Hauptzweifler, Ernst Fritz Fürbringer als ein intellektueller Gegenspieler, Kurt Stieler als weiser Alter und Mario Adorf als gedankenloser Spaßmacher.

Fazit: eine dem ausgezeichneten Film durchaus ebenbürtige Ensembleleistung, die um so höher zu bewerten ist, als die Kamera, etwa durch Detail- und Großaufnahmen, viel subtilere Möglichkeiten hat, gegebene Spannungseffekte zu steigern und die psychologischen Schattierungen auszuleuchten. Der Beifall war — was man in Münchens Theatern lange nicht mehr erlebt hat — orkanartig. Das Stück soll bis Jahresende auf dem Spielplan des Münchner Schauspielhauses bleiben und dann mit dem „Grünen Wagen" auf Tournee gehen.

Karl Stankiewitz

Berlin 19.10.

Umriß verliehen.) Horst Tappert, Peter Paul, He[...] Göbel als Obmann, Herbert Böttcher und Al[...] Maria Giani verkörperten die weniger auffäl[...] gen, zum Teil auch lenksameren Mitläufe[...] typen, und Heinz Kargus war der Gericht[...] diener und Schlüsselverwahrer.

Im Grunde müßte das nahtlose Werk oh[...] Pause gespielt werden. Aber die Spannung[...] sind und bleiben so dicht, daß der Zuschau[...] froh ist, einmal etwas ausgiebiger Atem hol[...] zu können.

Hanns Bra[...]

Süddtsch.Ztg. München

34   Vorspiel auf dem Theater

Alte Sehnsucht — junge Autoren
Interessante Münchener Premieren zum Spielzeit-Beginn

Eigenbericht der WELT

München, 2. September

In den Stücken Pagnols spielt das Meer und die Sehnsucht, die es weckt, eine entscheidende Rolle. Bei Jean Louis Roncoroni ist es die Landstraße, die jenen, die sich unter die Füße oder die Räder ihrer Wagen nehmen, Freiheit, Ungebundensein und damit eine romantische Existenz gewährt.

Roncoroni, Jahrgang 1926, hat in Jean Anouilh einen gewichtigen Fürsprecher gefunden und damit den Weg auf die Pariser Bühnen. Sein erstes Stück heißt „Männer am Sonntag", es ist noch kein Meisterwerk, es hat volkstümliche echte Töne und Situationen, einen seltenen Humor, und es stellt – damit auf Nummer Sicher gehend – die Welt der beharrenden Frauen jener unrastigen Männer gegenüber, die wenigstens am Sonntag ihren phantastischen Plänen und Gedankenspielereien freien Lauf lassen können.

Da will der Vater zweier Söhne wieder als fliegender Händler der häuslichen Enge und Misere entfliehen, da möchte der eine Sohn als Schauboxer zum Zirkus gehen, während der andere, ein treuherziger Chauffeur, als Fernlastwagenfahrer Europa zu durcheilen gedenkt. Im Unterbewußtsein aller dieser Menschen aber lebt das Gefühl, immer wieder nach Hause kommen zu können, wo die Mutter und Gattin warten soll, die Helden der Landstraßen und Jahrmärkte gebührend zu empfangen.

Ein Stück wie dieses hätte Zuckmayer in früheren Jahren auch schreiben können, nur daß er es knapper und pointierter angelegt hätte. Roncoroni ist noch nicht so knapp und zuchtvoll, dafür beherrscht er sentimentale Töne, die allerdings „gefiltert" werden, denn wir schreiben schließlich 1958, und das Unterstatement hat sich auf Bühne und Leinwand längst durchgesetzt.

Die Aufführung der Münchener Kammerspiele leitete Heinz Hilpert. Er hat sich nicht allzuviel einfallen lassen, eine Routine-Inszenierung kam zustande, die man beruhigt mit eigenen Kräften gewiß nicht schlechter hätte herausbringen können. Die Mutter der drei fernsüchtigen Mannsbilder spielte Therese Giehse etwas zu absichtsvoll, direkt und laut; auch Arno Assmann war ein wenig krampfig und servierte seinen „Charakter" allzu deutlich. Aber in Mario Adorf, Rolf Boysen und Horst Tappert standen drei jüngere Darsteller auf der Bühne und bestanden: Sie waren „goldrichtig", knapp, prägnant und durchaus nicht routiniertes Klischee.

Mit dem Nachwuchs der Damen hat die Bühne Falkenbergs nicht soviel Glück. Sowohl an Kathrin Schmidt wie an Anaid Iplicjian muß sozusagen noch viel bildnerische Arbeit geleistet werden, bis sie das Niveau ihrer Kollegen erreichen. Aber das Münchener Publikum ist langmütig, und also bereitete es dem Erstling aus Paris einen außerordentlich herzlichen Empfang.

Eine zweite Pariser Schöpfung wurde im Theater unter den Arcaden angeboten. „Ein klarer Fall?" ist alles andere als nur ein hoffnungsvoller Erstling, aber man erwartet auch keine zärtlich glänzenden Lustspielperlen, aufgereiht auf dem überlangen Nylonfaden des Pariser Stückeschreibers Claude Magnier. Seine sogenannte Komödie hat der Wiener Hans Weigel nett und wohl auch hilfreich übersetzt. Daß die Franzosen frivol, lasziv und gräßlich unmoralisch sind, daß sie eigentlich nur dessen Dreieckseken führen und sich dessen nicht einmal schämen, wissen wir moralisch gesättigten Deutschen längst.

In dem Theaterstückchen „Ein klarer Fall?" wird dies — zum wievielten Mal wohl? — bestätigt, mit der zähen Gründlichkeit eines mageren Dialogs, wobei von den vier Akten einer hätte unbemerkt geopfert werden können. Und trotzdem spürt man, daß das Pariser Theater eine wirksame Tradition der Lustspieltechnik hat, mit Überraschungseffekten und Sinn für pointierte Abschlüsse — von Molière bis Magnier.

Lukas Ammann, aus dem Ensemble der „Kleinen Freiheit", führt ansprechend Regie, ihm stehen Karin Himboldt und Hermann Nehlsen zur Verfügung. Unter den Einwirkungen eines Schlafmittels ist Karin Himboldt, die Frau zwischen zwei Männern, gleich zu Anfang liebenswürdig und höchst amüsierlich. Der Lustspielatlas jedoch, der dieses Stückchen leichtester Fabrikation mit einem oft rührenden Charme und mit drolligem Witz trägt, mit ihm jongliert, heißt Peter W. Staub. Staub ist einer der liebenswertesten Kabarettisten, voll von verzaubernder Komik und einem Humor, der darum doppelt wiegt, weil er aus einem Land kommt, wo wahrer Humor immer Mangelware ist. Staub ist Züricher Paradeexport und als solcher hoch willkommen.

Das hübsche Bühnenbild stammt von Ilse Fehling, der man früher auch in den Kammerspielen begegnete — warum eigentlich nur damals und nicht mehr heute?

Erich Pfeiffer-Belli

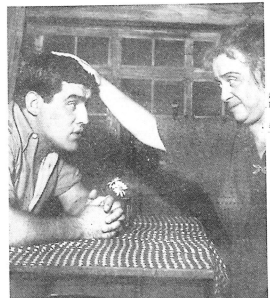

„MÄNNER AM SONNTAG"
– oder jedenfalls einer von ihnen, im Gespräch mit der Mutter. Mario Adorf und Therese Giehse spielen in J. L. Roncoronis Stück unter der Regie von Heinz Hilpert. (Siehe untenstehenden Bericht.) Foto: Keystone

In einer beeindruckenden Mappe von Rezensionen sammelt und dokumentiert Mutter Alice die ersten Theatererfolge ihres Sohnes.

Vorspiel auf dem Theater 35

Von der Bühne zum Set

›Nachts, wenn der Teufel kam‹, 1957. Für die Darstellung des Massenmörders Bruno Lüdke erhält Mario Adorf 1958 den Bundesfilmpreis für den besten Nachwuchsdarsteller.

Von der Bühne zum Set 37

Seit einem Jahr war ich auf der Otto-Falckenberg-Schausspielschule in München. Eines Tages kam mein Kollege Dieter zu mir: »Ich soll mich einem Regisseur in Geiselgasteig für eine Filmrolle vorstellen und eine Dialogszene vorsprechen. Aber wie soll ich das allein machen? Würdest du mitkommen und mir die Stichworte geben?« »Wenn du mir die Straßenbahnfahrt bezahlst«, erwiderte ich. »Danke«, sagte er, »das ist sehr nett von dir.«

Wir fuhren also mit der Linie 25 nach Geiselgasteig und entdeckten in der Robert-Koch-Straße Nr. 7 hinter einer langen Mauer einen großen Park und darin eine prächtige Jugendstil-Villa (die leider samt Mauer vor ein paar Jahren abgerissen wurde!). Nach unserm Klingeln öffnete sich die kleine Pforte neben der Toreinfahrt.

Ein kleiner Mann mit Spitzbart kam uns entgegen. Dieter stellte uns beide vor und erklärte, dass er zum Vorsprechen gekommen sei. Der Mann gab sich als der Filmregisseur Paul May zu erkennen, führte uns zu einem eisernen, weiß gestrichenen Pavillon im Park und ließ uns eintreten. Es war Anfang März und lausig kalt in dem leeren, ungemütlichen Raum. Der Regisseur gab Dieter zwei Blätter mit dem Dialog und sagte: »Schauen Sie sich die zwei kleinen Szenen an, sprechen Sie sie ein paar Mal durch, ich komme in fünf Minuten wieder.« Wir froren über zwanzig Minuten lang vor uns hin, und Dieter konnte die wenigen Sätze auswendig, als Herr May wiederkam. »Na also, machen'S mal, bitt schön!«, sagte er ziemlich barsch. Ich las die Stichworte, und Dieter sprach seine Sätze. »Noch mal!«, befahl der Regisseur. Dieter las die Szenen vier, fünf Mal, der Regisseur sagte: »Haben Sie gedient? Natürlich nicht – also die Personen sind Soldaten, darum schneller und etwas zackiger, bitte schön!«

Dieter war schon ziemlich genervt und wusste wohl nicht, wie er es Herrn May recht machen konnte. Ich wollte ihm zu Hilfe kommen und sagte: »Herr May, ich glaube, es wäre wirksamer, wenn man einen Dialekt benützen würde, und außerdem fehlt bei der zweiten Szene die Pointe.« »Na gut«, sagte er, »probieren Sie's mal mit Ihrem Dialekt, dem rheinischen. Und wieso ham'S g'sagt, dass bei der zweiten Szene die Pointe fehlt?« »Entschuldigen Sie«, sagte ich, »in der ersten Szene sagt der Kanonier Wagner zu diesem Spieß, der in der Kaserne Opfer sucht, denen er den Wochenend-urlaub vermasseln will, dass er gar keine Lust auf Urlaub hätte. In der zweiten Szene, beim Soldatenschwof, stellt der Spieß den angeblich Urlaubsunwilligen und fragt: ›Nanu, Wagner, ich dachte, Sie hatten keine Lust?‹ Hier endet die Szene. Da fehlt doch die Antwort dieses Schlitzohrs Wagner. Er müsste doch sagen: »Isch weiß auch nischt, wie et jekommen is, Herr Hauptwachtmeister,

38   Von der Bühne zum Set

Zum ersten Mal vor der Kamera: als Landser im ersten Teil der Wehrmachts-Trilogie ›08/15‹, 1954

Im Angesicht des Untergangs: als Unteroffizier im dritten Teil von ›08/15‹, 1955

Von der Bühne zum Set

aber auf einmal hatt' isch wieder Lust!« Auf den schmalen Lippen zwischen dem Bart des Regisseurs zeigte sich ein minimales Lächeln. Zwei Minuten später schloss sich hinter uns die Pforte, und wir trotteten zur Straßenbahnhaltestelle zurück.

Drei Wochen später kam die Nachricht, dass nicht Dieter, sondern ich zu der Filmproduktion zum Vertragsgespräch für die Trilogie »08/15« kommen soll. Als ich am ersten Drehtag morgens um sechs nach Baldham ins Studio kam, gab man mir eine hellgraue Arbeitsuniform, Käppi, Socken und Knobelbecher, dann schickte mich der Aufnahmeleiter in eine große Garderobe, wo an die fünfzig Männer ihre Uniformen anzogen und einen Geruch verströmten, dem ich seit dem Krieg nicht mehr begegnet war. Ich machte kehrt und wartete auf dem Flur. »Warum bist du noch nicht umgezogen«, fragte mich der Aufnahmeleiter. »Ich bin als Darsteller engagiert und nicht als Komparse. Also verlange ich eine Schauspielergarderobe«, erklärte ich ihm. Er holte Atem, als wolle er grob werden. Doch er überlegte sich's offenbar und wies mir kopfschüttelnd eine winzige Einzelkabine an.

Vor meiner ersten Szene traf ich im Filmstudio Hans Christian Blech, der damals an den Kammerspielen engagiert war. Ich bewunderte ihn, seit ich ihn in dem Film »Affaire Blum« gesehen hatte, und jetzt in unserem Film spielte er den Schleifer Platzek. Wir unterhielten uns in einer Ecke. Ich hörte im Hintergrund, wie man ungeduldig »Wagner! Wo ist denn der Wagner?« schrie. Das war der Name meiner Rolle, ich bezog dieses Gerufe aber nicht auf mich. Als der Aufnahmeleiter mich endlich fand und grob anfuhr, man warte auf mich und wieso ich nicht auf das Rufen reagiert hätte, sagte ich: »Ich heiße nicht Wagner, sondern Mario Adorf.« Blech grinste, und ich schritt würdevoll zu meiner ersten Filmszene überhaupt.

Der Massenmörder, verhört von Massenmördern, in ›Nachts, wenn der Teufel kam‹. Regie führte Robert Siodmak.

Von der Bühne zum Set 41

Studien eines Psychopathen, mit Rosel Schäfer

42 Von der Bühne zum Set

Bei der Verleihung des Bundesfilmpreises 1958 mit Regisseur Robert Siodmak

›Das Totenschiff‹,
mit Horst Buchholz, 1959

44   Von der Bühne zum Set

Von der Bühne zum Set 45

Einmal Hollywood und zurück

In seinem ersten Film »Das Geheimnis der schwarzen Handschuhe« bot Dario d'Argento mir die kleine Rolle des Malers Bertone an, die inspiriert war durch den exzentrischen Naiven Ligabue. Dieser malte ähnlich wie der Zöllner Henri Rousseau wilde Tiere und Urwaldlandschaften. Ob Ligabue tatsächlich wie mein Filmmaler in einem zugemauerten Haus lebte, das nur durch eine Leiter zu betreten war, und ob er sich von Katzen ernährte, weiß ich nicht. Eine bizarre Rolle.

Einmal Hollywood und zurück

›Ganovenehre‹, mit Karin Baal, 1966

›Lachen, Lachen‹, mit Ursula Andres, 1967

48　Einmal Hollywood und zurück

Mit Hildegard Knef drehte ich 1962 in dem Rolf-Thiele-Film »Lulu« Sie spielte die Gräfin Geschwitz, ich den Artisten Rodrigo Quast. Sie war eine begeisterte Malerin, in den Drehpausen malten wir gemeinsam, sie schenkte mir ein Selbstbildnis, ein sensibles Aquarell, das ich noch besitze. Ich habe noch ein paar Autoportraits von mir mit grobem Filzstift aus jener Zeit. Die Lulu spielte Nadja Tiller, mit der ich schon »Das Mädchen Rosemarie« gemacht hatte. Danach standen wir wieder in »Moral 63« gemeinsam vor der Kamera.

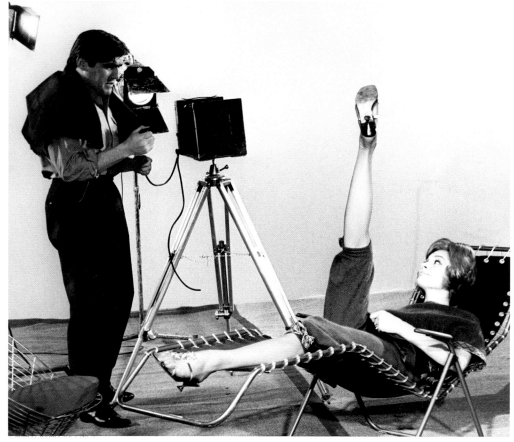

Einmal Hollywood und zurück 49

In »Die Übersinnliche« war ich Sophia Lorens Partner. In einer leidenschaftlichen Umarmungsszene gab sie einen Schmerzenslaut von sich. Als ich nachfragte, ob ich ihr vielleicht die Rippen oder einen anderen Knochen verbogen hätte, antwortete sie: »Da, wo du mir wehgetan hast, habe ich keine Knochen!« Mit Claudia Cardinale drehte ich in Rio in dem Film »Eine Rose für alle« zusammen. Wir lagen drei Nächte lang in einem Bett, leider nur in einer Filmszene. In »Station Six Sahara« brachte ich 1962 Carol Baker im Wüstensand Libyens den Modetanz Twist bei. Sie lernte schnell.

Folgende Seiten: Als arroganter Schachweltmeister an der Seite von Curd Jürgens in der Verfilmung von Stefan Zweigs ›Schachnovelle‹, 1960, sowie als der Bösewicht in ›Winnetou I‹, 1963

Einmal Hollywood und zurück 51

54 Einmal Hollywood und zurück

Italienische Momente: links mit Marcello Mastroianni in dem Krimi ›Harte Männer heiße Liebe‹, 1957. Unten in der Komödie ›Der Heiratskandidat‹, 1963

Einmal Hollywood und zurück 55

Anfang Februar 1964 sollten die Dreharbeiten zu »Sierra Charriba« von Sam Pekinpah in Mexiko beginnen. Wir flogen mit einer Chartermaschine von Los Angeles nach Leon. Von dort ging es in einer großen Autokolonne nach Durango, das für zwei Monate unser Hauptquartier sein sollte. Wir waren früh zum Drehort, wo ein typisches Western-Fort aufgebaut war, hinausgefahren. Zum ersten Mal stiegen wir in unsere Kostüme, die blauen Yankee-Uniformen des amerikanischen Bürgerkriegs.

Ich stand mit Jim Hutton plaudernd herum – wir hatten uns im Flugzeug angefreundet –, als Charlton Heston, der Star des Films, auftauchte. Als er uns begrüßte, tat er dies mir gegenüber aus der imposanten Höhe seiner 1 Meter 94 herab, doch als er sich Jim gegenübersah, dessen Gardemaß 2 Meter 03 betrug, huschte eine merkliche Irritation über sein kantiges Gesicht, und seine Kaumuskeln setzten sich in mahlende Bewegung, was, wenn man ihn kannte, Nachdenken signalisierte. Sehr bald verschwand er, kam nach einiger Zeit zurück, und als er wie zufällig hart an Jim Hutton vorbeiging, blickte er diesem, ohne im geringsten Hochzuschauen, genau in die Augen. Erstaunt beobachtete ich dieses Phänomen der wunderbaren Erhöhung, bis ich die Absätze der hochschaftigen Stiefel des davonschreitenden »Chucka« Heston sah. Er hatte sie sich gute sechs, acht Zentimeter aufstocken lassen, obwohl die Offiziersstiefel der damaligen Zeit im Gegensatz zu den bekannten Westernstiefeln sehr flache Absätze haben sollten.

Etwas später sah ich, wie sich Heston und James Coburn begrüßten und unterhielten. Coburn, mit 1 Meter 93 kaum kleiner als Heston, verschwand nach einem erstaunten Blick auf den »großen« Heston und kam wie dieser mit hohen Absätzen wieder. Der Produktionsschuster hatte an diesem Morgen Hochkonjunktur, denn ich konnte ungläubig beobachten, wie es alle anderen Hauptdarsteller, zum Beispiel Richard Harris, der es immerhin noch auf 1 Meter 86 brachte, zum Schuster zog. Schon vorher war ich mir neben all diesen Riesen wie ein Zwerg vorgekommen, sodass mir gar nichts anderes übrig blieb, als den entstandenen Größenunterschied ebenfalls durch höhere Absätze auszugleichen. Doch wir alle hatten unsere Rechnung ohne den langen Jim Hutton gemacht. Auch er verschwand, und als er wieder auftauchte, schaute er wieder auf Charlton Heston und alle anderen herab.

Einmal Hollywood und zurück 57

In der ersten Szene des Films sollte ich als Sergeant Gomez zu Pferde eine Meldung bringen. Man schickte mich zu den Stallungen. Dort sollte ich mir ein Pferd aussuchen. Als ich hinkam, fand ich in dem riesigen Stall kein einziges Pferd mehr. Nur vier Wranglers, die Leute, die die Pferde betreuen, saßen herum, kauten auf ihrem Kautabak und spuckten ab und zu einen Strahl braunen Tabaksafts in den Sand. Ich fragte nach meinem Pferd. Keine Antwort. Nur einer zeigte mit dem Daumen in die entfernte Ecke des Stalles, in der sich ein hoher Holzverschlag befand. Als ich näher kam, hörte ich aus dem Innern ein Trommelfeuer von Huftritten gegen das Holz donnern. Erschrocken blieb ich stehen und fragte in die Richtung der Wranglers:

»Wie heißt es denn?«

»Satan«, kam es müde aus dem Munde eines der Wrangler.

»Kann mir denn einer das Untier satteln?« Keiner rührte sich. An der Wand auf einer Stange hing ein Sattel. Ich holte ihn herunter, hielt ihn schützend vor mich, während ich den Türriegel des Verschlags zurückschob und die Tür öffnete. Ich überspringe schamhaft die folgende erniedrigende Viertelstunde in dem Verschlag mit Satan. Als ich endlich den Sattel droben hatte, waren wir beide schweißgebadet.

Alle warteten schon auf mich. Charlton Heston saß wie ein Denkmal auf einem imponierenden Falben. Der Regieassistent erklärte mir den Weg, den ich zu reiten hatte, und zeigte mir die Stelle, wo ein kleiner Pfahl in die Erde geschlagen worden war, um den genauen Punkt zu markieren, wo ich Satan zum Halten bringen sollte. Ich galoppierte los. Aber Satan wollte absolut nicht in die Nähe der Markierung. Nochmals. Nichts zu machen.

»Wir drehen einfach mal mit«, hieß es. Als die achte Aufnahme erfolglos abgebrochen wurde, gab es nachdenkliche Gesichter. Man hatte lange vor der Drehzeit, als mein Agent den Vertrag mit der Columbia diskutierte, wissen wollen, wie es mit meinen reiterlichen Fähigkeiten bestellt sei. Ich musste hoch und heilig versichern, dass es damit kein Problem gäbe. Als man immer noch nicht überzeugt war, hatte ich auf den Kanarischen Inseln ein paar Reiterkunststückchen gedreht, die in Hollywood die letzten Zweifel an meiner Reitkunst ausräumen sollten. Es galt aber immer noch, dass mein Vertrag jederzeit kündbar war, wenn es beim Reiten Probleme gäbe. In diesem Augenblick sah ich mich schon wieder im Flugzeug zurück nach München sitzen.

Der Regieassistent sprach in seine Flüstertüte: »Mario, würdest du bitte absteigen?« Dann rief er nach Henry Wills. Der sollte nun Satan einige Male zeigen, wohin er gehen sollte, damit er auch vielleicht mit mir auf der gewünschten

*Der Mexikaner in Hollywood
– mit Charlton Heston in dem
Western ›Sierra Charriba‹, 1965.
Regie führte Sam Peckinpah.*

Einmal Hollywood und zurück 59

Markierung zu stehen käme. Nun muss man wissen, dass Henry Wills unter Reitkundigen einen Namen hatte wie in Deutschland ein Hans-Günter Winkler oder Fritz Thiedemann.

Hier war Henry der »Ramrod«, der Chef der manchmal 400 Pferde zählenden Reiterei. Henry kam, stieg auf den inzwischen nervösen und zitternden Satan, und ich wusste: Wenn er auf Anhieb auf dem richtigen Punkt zu stehen kam, war mein Rückflugticket fällig. Nun, ich wäre nicht der Erste gewesen, tröstete ich mich vorsorglich. Auch O. W. Fischer hatte man ohne viel Federlesens aus Hollywood zurückgeschickt.

Als Henry dann anritt, betete ich: »Satan, sei kein Spielverderber, galoppiere da nicht hin, bitte, bitte nicht!« Doch Satan ging unter Henrys eisernen Schenkeln genau den Weg, den er gehen sollte. Mein Herz sank in die verschwitzten Hosen. Noch vier Meter, noch drei Meter, dann machte Satan einen Satz, brach seitlich aus, und Henry fluchte leise. Er versuchte es noch einmal. Nichts zu machen. Bravo Satan! Henry stieg seelenruhig vom Pferd und sagte: »Change the horse!« Wechselt das Pferd. Und spazierte davon. – Ich war gerettet.

Der Regisseur Sam Peckinpah brachte es fertig, morgens zehn Minuten vor Drehbeginn zu mir zu kommen, mir den Arm um die Schulter zu legen und heiser zu murmeln: »Märiau, last night ...«, und er zeigte fünf ausgestreckte Finger, »five times!«, und dabei machte er eine obszöne Bewegung, »five times«, fünf Nummern, »I'm fuckin' tired.« Fünf Minuten später saß er auf seinem erhöhten Regiestuhl. Ich ging noch einmal zu ihm hin, weil ich eine kleine Idee für die Szene hatte, die anschließend gedreht werden sollte. Ich sagte also zu ihm: »Sam. Ich hätte da eine kleine Idee...« Ich kam nicht weiter. Er streckte mir abwehrend seine Hand entgegen und knurrte »Read the script!!«

Ich hielt meinen Einfall wirklich für gut und insistierte: »Sam, entschuldige, könnte ich da nicht ...« Ich kam nicht zu meinem kleinen Einfall, denn jetzt bellte Peckinpah schon ziemlich grob: »We follow the script!« Wir folgen dem Drehbuch. Ich konnte es immer noch nicht glauben, dass der privat so intim mitteilsame Peckinpah mich so abfahren ließ. Also machte ich einen letzten Versuch: »Sam, ich...«, worauf nur noch ein unleidliches »Fuck off!!!« folgte. Durch diese Erfahrungen wuchs in mir schnell die Überzeugung, dass dieses Amerika, dieses Hollywood, für mich nie und nimmer das gelobte Land sein würde.

Auch der europäische Film liebt das Western-Genre –
in der deutsch-französisch-italienischen Coproduktion
›Die Goldsucher von Arkansas‹, 1964.

Fanpost

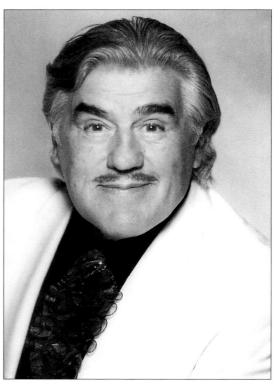

Das Glück der Erde ...

Passabler Reiter gesucht: Immer wieder führte ihn die Schauspielerei auf den Rücken der Pferde, hier in dem Italo-Western ›Fahrt zur Hölle, ihr Halunken‹, 1969.

64 Das Glück der Erde

Und Action!

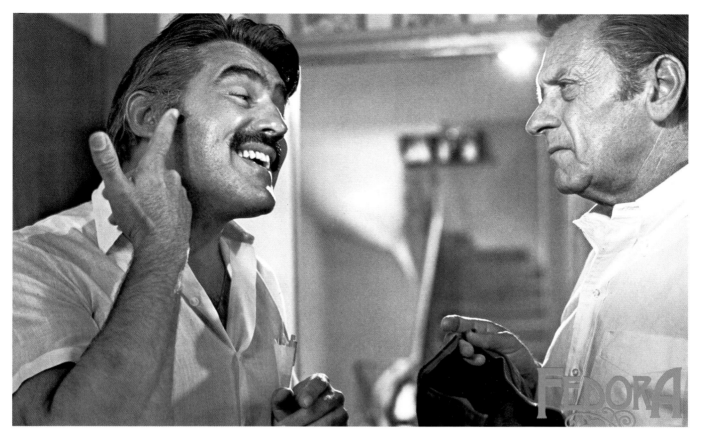
Mit William Holden in Billy Wilders Komödie ›Fedora‹, 1978

Mit David Niven in ›Herzbube‹, 1971

In der griechischen Komödie ›Milo Milo‹, 1979

Mit Senta Berger und Ron Ely in ›MitGift‹, 1976

68 **Und Action!**

Mit Karin Baal in ›Gefundenes Fressen‹, 1977

Als liebenswerter Gauner in ›Bomber und Paganini‹, 1976 – hier mit Filmpartner Tilo Prückner

Und Action! 69

Es lag wohl nicht gerade auf der Hand, dass ein deutscher Schauspieler mit (damals) vielen schwarzen Haaren den berühmten Glatzkopf Mussolini darstellen sollte. Der Regisseur Florestano Vancini, mit dem ich 1972 den Antimafiafilm »Gewalt, die fünfte Macht« gedreht hatte, war nach Monaten der Suche nach einem Darsteller des Diktators verzweifelt und saß eines Nachts vor einem Tisch mit Hunderten von Fotografien italienischer Schauspieler, als ihm in dem Haufen nur ein paar Augen mit stechendem Blick ansahen: meine Augen! Als er das Foto aus dem Stapel zog, erkannte er das Bild aus unserem gemeinsamen Film. Mitten in der Nacht rief er mich in Paris an und sagte:

»Komm morgen mit dem ersten Flieger nach Rom!« Einen Tag später machten wir Testaufnahmen. Ein Maskenbildner zog mir eine Gummiglatze über den Schädel und schminkte mich, während im Nebenzimmer eine Schar von Freunden und Mitarbeitern wartete, denen Vancini nicht gesagt hatte, was sie erwartete, darunter auch eine ältere Dame, die Mussolini noch persönlich gekannt hatte. Als ich eine Stunde später in Kostüm und Maske eintrat, rief jene Dame aus: »È lui!« (Er ist es!) und fiel in Ohnmacht. Für Vancini der schönste Beweis, dass seine Wahl richtig war.

Als Mussolini in ›Die Ermordung Matteottis‹, 1973

70 Und Action!

72 Zauberkasten

Zauberkasten 73

Wenn die Zuschauer beim Film oder beim Fernsehen feststellen, dass eine Wand sich bewegt, ein Mikrofon im Bildausschnitt erscheint, an einem Kostüm- oder Uniformdetail ein Fehler begangen wurde, gibt es unweigerlich Protestschreiben: Da hat ja etwas nicht gestimmt! Der Film verliert seine Authentizität, das Fernsehen seine Glaubwürdigkeit. Wie anders beim Theater! Da darf die Dekoration wackeln, wenn eine Tür ins Schloss fällt, da darf eine ganze Wand an einem Zimmer fehlen, jene berühmte vierte Wand, durch die die Zuschauer hineinsehen, und doch ist die Wirkung beim Theater ungleich größer, der Theaterzuschauer spielt bei diesem falschen Spiel mit, er akzeptiert einen Baum als einen ganzen Wald, ein halbes Dutzend Soldaten als eine ganze Armee, von der Sprache ganz zu schweigen, da lässt er sich von einer gehobenen Sprache, von Versen und Reimen betören, und in der Oper gar darf ein sterbender Held noch lange und strahlend singen, und keiner ruft dazwischen: »Das gibt es doch nicht!« Im Gegenteil, es werden mehr echte Tränen vergossen als im wahren Leben.

In eigener Regie: 1974 inszenierte Mario Adorf Molières Komödie ›Der Wirrkopf‹ und kehrte auch wieder selbst auf die Bühnenbretter zurück.

*Als Othello in Bad Hersfeld, 1982.
Sein Gegenspieler Jago war
Gottfried John.*

76 Zauberkasten

Auf italienischen Bühnen – in Ödön von Horváths ›Geschichten aus dem Wienerwald‹, am Teatro Stabile di Trieste, 1977/78

Erneut die Studie eines Diktators – als Arturo Ui in ›Der unaufhaltsame Aufstieg des Arturo Ui‹ von Bertolt Brecht, 1979

Literatur-verfilmungen

Katharina Blum

Margarethe von Trotta und ich lernten Mario Adorf bei einem Abendessen im Hause von Senta Berger und Michael Verhoeven kennen. Das war irgendwann Mitte der siebziger Jahre, fast zehn Jahre waren also schon seit meinem ersten Film »Der junge Törless« vergangen. Dabei lebten wir doch alle in der gleichen Stadt, in München. Zu groß aber war der innere Abstand vom damals Jungen Deutschen Film zu denen der Generation vor uns, zu groß waren die künstlerischen Berührungsängste. Erst durch eine Arbeit mit Senta Berger und Helmut Griem war es mir gelungen, diesen Graben zwischen so genannten Jungen und Alten endlich zu überspringen.

Und Mario Adorf eroberte uns alle mit den Anekdoten, die er bei Tisch erzählte, vor allem mit der Art seines Vortrags: jede einzelne knapp, scharf formuliert und poliert wie eine kleine Kabarettnummer, wie ein »Kabinettstückchen«. Für diese Kunst war ich umso empfänglicher, als ich sie selbst schlecht beherrschte. Ich erinnere mich genau – auf der Heimfahrt haben Margarethe und ich beschämt festgestellt, dass wir bisher aufgrund blöder Vorurteile an einer ganzen Generation wunderbarer deutscher Schauspieler vorbeigelebt hatten.

Das sollte sich schnell ändern. Gerade hatte uns Heinrich Böll die Korrekturfahnen seines neuen Romans »Die verlorene Ehre der Katharina Blum« geschickt – und wir waren wild entschlossen, diesen Roman zu verfilmen, gemeinsam das Drehbuch zu schreiben und in Co-Regie zu inszenieren. Die Figur des Kölner Kommissars Beizmenne war Mario von der Erscheinung wie von der Sprache her auf den Leib geschrieben. Vor allem konnte Mario uns helfen, die Pointen, die ja bei Böll zur Satire gehören, entsprechend herauszuarbeiten, denn auch mit dieser Kunst hatten wir wenig Erfahrung.

Bald saßen wir mit Mario zusammen, diskutierten das Drehbuch und die Besetzung der Hauptrolle. Ich hatte mit verschiedenen Schauspielerinnen Probeaufnahmen gemacht und bat Mario, mit mir in die Vorführung zu kommen, denn sein Urteil interessierte mich. Gemeinsam wurden auch die letzten Zweifel schnell ausgeräumt: Angela Winkler würde unsere heilige Katharina sein.

Volker Schlöndorff

An einem kühlen Frühlingstag im Mai 1993 hielten an der seitlichen Zufahrt zum Bad Godesberger Palais Schaumburg, dem Amtssitz des Bundespräsidenten, gleichzeitig zwei Taxis. Als ich den Fahrer bezahlte, sah ich aus dem anderen Taxi Volker Schlöndorff aussteigen. Wir hatten uns längere Zeit nicht gesehen, sahen uns doch etwas überrascht an und grinsten. Wir waren beide zum Bundespräsidenten Richard von Weizsäcker geladen, der uns mit dem Bundesverdienstkreuz auszeichnen würde.

Achtzehn Jahre vorher hatten wir in der Nähe zusammen den Film »Die verlorene Ehre der Katharina Blum« gedreht. Wir hatten Heinrich Böll damals, vor Beginn der Dreharbeiten, zusammen mit Joseph Caspar Witsch, dem Verleger von Kiepenheuer & Witsch, in seinem Haus besucht. An jenem Abend bezeichnete Böll uns gegenüber sein erfolgreiches Buch als ein Pamphlet, »kein gutes Buch, zu sehr aus dem Bauch geschrieben«. Später stellte er deshalb den Film Schlöndorffs über den Wert seines Buches, weil er genau das, was er damit erreichen wollte, im Film besser und erfolgreicher umgesetzt fand. Diese späten siebziger Jahre, die anschließend unter dem Namen Bleierne Zeit nach Margarethe von Trottas gleichnamigem Filmtitel benannt wurden, waren eine trübe Periode in der Geschichte der Bundesrepublik, in der sie durch repressive Überreaktion des Staates auf die außerparlamentarische Opposition zum Polizeistaat zu degenerieren drohte. Hier war Böll in der Tat der wichtigste, allerdings auch umstrittene Mahner.
Die Herstellung des Films, der in Köln und Bonn gedreht wurde, traf daher auf allerlei Widerstände gerade von Seiten des Staates. Es war die Anweisung an alle Behörden und die Bundeswehr ergangen, dem Film und seinen Machern keinerlei Unterstützung zu gewähren. Das führte zu lästigen Behinderungen, manchmal auch komischen Situationen.

Ich erinnere mich der Dreharbeiten in der Nähe von Köln, wo es darum ging, den gejagten Terroristen Götten, dargestellt von dem jungen Jürgen Prochnow, in dem vermeintlichen Schlupfwinkel, einer Villa im Grünen, dingfest zu machen. Der benötigte Armeehubschrauber war wie auch ein Panzerfahrzeug aus anderen Bundesländern herbeigeschafft worden. Als nun einige höhere Offiziere von Polizei und Bundeswehr auftauchten, kam Spannung auf. Würde man die Aufnahmen abbrechen? Ein Offizier der Bundeswehr stellte einen der herumstehenden Soldaten und fuhr ihn wegen seiner langen Haare an. Der war nun kein Soldat, sondern ein Komparse in Uniform. Er blieb locker, verweigerte das Strammstehen vor dem Vorgesetzten und sagte nur: »Ach, hau doch ab, du Arsch!« Der Produzent Eberhard Junkersdorf sprang hinzu und klärte die Situation auf. »Hätten Sie uns Ihre Leute zur Verfügung gestellt, hätten Sie die

Am Set – mit Regisseur Volker Schlöndorff

von Ihnen geforderte Länge der Haare, aber von einem zivilen Komparsen können Sie nicht verlangen, dass er sich für sechzig Mark am Tag auch noch die Haare abschneidet.« Als die Situation brenzlig zu werden drohte, Schlöndorff gar fürchtete, man könne das Filmmaterial beschlagnahmen, wurde ich vorgeschickt, mit den Beamten Erinnerungsfotos zu schießen, während Junkersdorf heimlich die großen Blechbüchsen mit dem belichteten Filmmaterial von einem Produktionswagen in Sicherheit bringen ließ.

Und nun stiefelten wir beide zum Bundespräsidenten, um unser Bundesverdienstkreuz in Empfang zu nehmen …

Die Figur des Kölner Kommissars Beizmenne war ihm auf den Leib geschrieben. Rechts unten bei der Filmpremiere, 1975. Mit Margarete von Trotta und Angela Winkler

82 **Literaturverfilmungen**

Katharina Blum 83

Die Blechtrommel

Wieder war es der Rheinländer, nämlich Mario Adorf als Alfred Matzerath, dem »rheinischen Koch, der seine Gefühle im Kochen von Suppen ausdrückte«, der als Erster auf dem Besetzungszettel feststand. Kurz darauf gefolgt von Angela Winkler als seiner zukünftigen Frau Agnes, der »armen Mutter« des kleinen Oskar. Von den ersten Probetagen an bestand großes Vertrauen, beinahe eine Art Komplizenschaft zwischen Mario und mir. Hatte ich Probleme mit anderen Darstellern oder mit dem Kameramann, war er es, mit dem ich mich aussprach. Leider konnte ich ihm meinerseits bei einem Problem nicht helfen, dem Umgang mit unserem 10 Jahre alten Hauptdarsteller David Bennent.

»Wir sind doch alle nur Wasserträger für den kleinen Oskar«, das hatte Mario früh erkannt. So war der Roman geschrieben, so fokussierte der Film noch mehr und vor allem so behandelte ich David am Set. Am ersten Tag hatte ich ihm die Dutzenden von LKWs und Wohnwagen gezeigt, die Hunderten von Mitarbeitern und ihm erklärt, der ganze Aufwand geschehe nur seinetwegen, alle stünden zu seiner Verfügung, er sei hier Herr über alles – auch über mich. Ich wollte eben, dass er sich so allmächtig fühle wie Oskar Matzerath selbst, der immerhin ganze Hundertschaften von marschierenden Nazis zum Walzertanzen brachte. Für Davids Eltern war es nicht gerade die ideale Erziehungsmethode und auch Mario hatte, wie gesagt, seine Probleme damit, wusste er doch, dass Tiere und Kinder von der Kamera sowieso bevorzugt behandelt werden.

Eine andere schmerzliche Episode hat Mario selbst in seinem letzten Buch sehr treffend geschildert, nämlich dass der zunächst von den Nazis begeisterte Matzerath, spätestens als die Euthanasie-Aktion seinen kleinen Oskar als lebensunwertes Leben einstufen und abholen will, plötzlich rebelliert und sich dem Abtransport erfolgreich widersetzt. Zur Abrundung seines Charakters in der Tat eine wesentliche Szene, die leider wegen Überlänge schließlich entfallen musste.

Volker Schlöndorff

Zwischen Führerkult und Vatersorgen – als Alfred Mazerath in ›Die Blechtrommel‹, 1979.
Auf den folgenden Seiten mit Katharina Thalbach, Ilse Page und David Bennent.

Die Blechtrommel 85

86 Literaturverfilmungen

Die Blechtrommel 87

Während der Dreharbeiten zu dem Film »Die Blech-trommel« war ich zweimal sozusagen als Zaungast dabei, wohl wissend, dass der Autor, der mit seinem Roman die Vorlage für den Film geliefert hatte, zum Getriebe am Drehort in Distanz bleiben muss. Mir fiel dabei auf, wie sehr Mario Adorf, selbst während der Drehpausen, in seiner Rolle aufging. So war sein Verhältnis zu dem überaus anstrengenden, weil von seiner Rolle besessenen David Bennent, ein durch-aus väterliches, was hinwiederum seiner Filmrolle entsprach, die mit zu den schwierigsten gehörte, und der er auf für mich unvergessliche Art Gestalt gege-ben hat. Bei späteren Begegnungen spielte der Zufall seine Rolle. Er führte uns auf dem Hauptbahnhof Hannover für wenige Minuten zusammen, ein herz-liches, freundschaftliches Wiedersehen, dann fuhr sein Zug in diese Richtung, meiner in jene. Wenn man in die Jahre kommt, melden sich gelegentlich unerfüllte Wünsche; Mario Adorf ist jemand, dem ich gerne häufiger – und nicht nur vom Rande her am Drehort oder flüchtig auf dem Bahnhof – begeg-net wäre.

Günter Grass

Mit Filmpartnerin Angela Winkler, Autor Günter Grass und Regisseur Volker Schlöndorff

Bei der Filmpremiere in Berlin, 1979.

Literaturverfilmungen 89

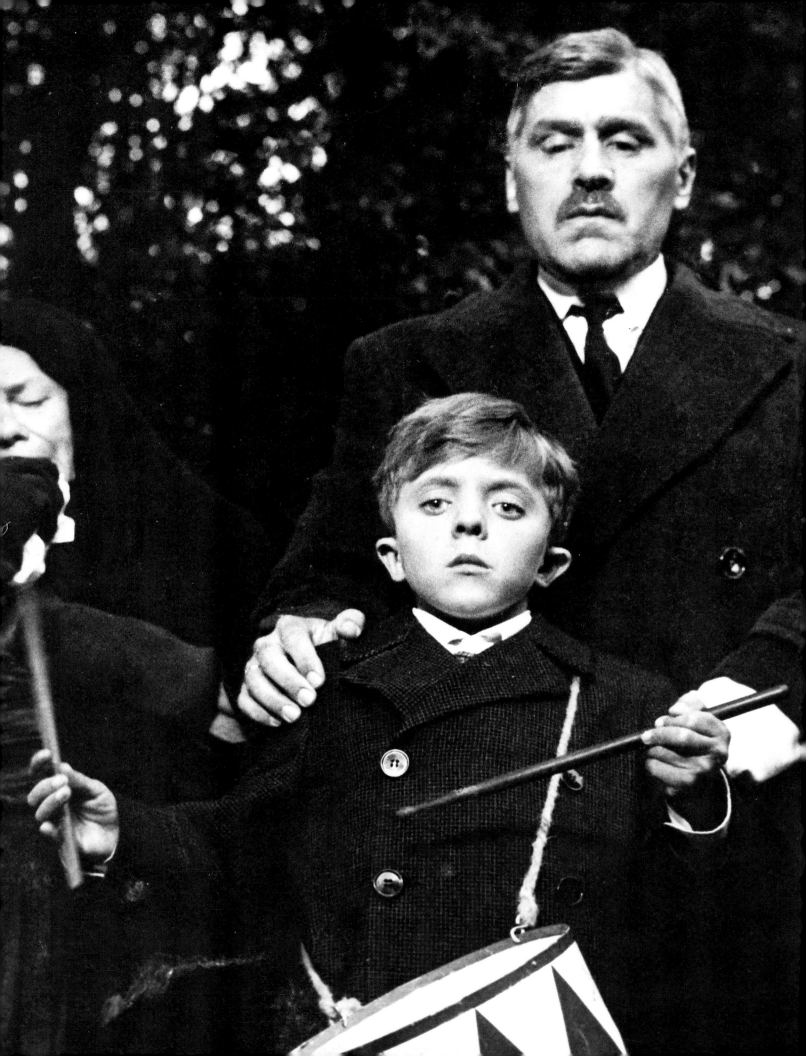

Monique
– mon amour

Am Abend des 17. Januar 1968 humpelte auf Krücken der mit mir befreundete französische Schauspieler Serge Marquand ins Hotel Aguadulce in Almeria. Er war in Begleitung zweier Blondinen, wobei mir die eine Brigitte Bardot zu ähneln schien, die hier gerade unter Stanley Kramers Regie den amerikanischen Western »Shalako« mit Sean Connery drehte.

Es war Brigitte Bardot, und Serge stellte mich ihr vor, während ich, von BB geblendet, die andere Blonde fast übersah. Sie segelte wie die anderen Freundinnen der Bardot fast unauffällig im Hofstaat des Superstars mit, und erst als BB eines Abends schlecht gelaunt dem gemeinsamen Abendessen in dem romantischen Lokal »La Rueda« in den Bergen oberhalb von Almeria fernblieb, entdeckte ich in der blonden Monique eine nicht nur schöne, sondern auch höchst temperamentvolle, amüsante Südfranzösin. Sie arbeitete als Lichtdouble für BB, weil sie die einzig Blonde in der Freundinnenschar der Diva war.

Meine zart angeknüpfte Beziehung mit Monique blieb bis zu meiner Abreise nur ein sympathischer Flirt. Ich drehte anschließend an jenen Spaghetti-Western den Film »Das rote Zelt« in der Sowjetunion, und als ich über vier Monate später von dort nach Rom zurückkehrte, rief mich am ersten Abend, von ihrer Freundin BB angestiftet, Monique an, ob ich die beiden nicht zum Abendessen begleiten wollte. Ich sagte natürlich zu, und seit jenem Abend sind Monique und ich ein Paar, wenn es auch im Laufe der Jahre bisweilen stürmisch zuging und wir uns auch einige Male trennten, um schließlich siebzehn Jahre später zu heiraten.

Unsere Ehe wurde auf dem römischen Kapitol geschlossen und hält inzwischen schon seit 20 Jahren. Da wieder einmal wenig Zeit übrig war, ging unsere Hochzeitsreise nach Marokko, das wir beide nicht kannten. Da nicht gerade Badesaison war, spielten wir Golf und fuhren als Touristen im Land herum, eine gelungene Reise!

94 Monique – mon amour

Monique – mon amour

Weggefährten

Mit den Kessler-Zwillingen und Joachim Fuchsberger bei einem Filmfest in Berlin, 1959. Rechts: Bei der Verleihung des Deutschen Videopreises in München 1997, mit Peter Ustinov.

Bei den Dreharbeiten zu dem Politthriller ›Der dritte Grad‹, 1976, mit Michel Piccoli

Mit Gina Lollobrigida bei der Eröffnung der 25. Filmfestspiele Berlin, 1975

98 **Weggefährten**

Berlinale-Zauber – mit Hannelore Elsner und Senta Berger

Alte Münchner Freunde: Mario Adorf gratuliert August Everding zur Wiedereröffnung des Münchner Prinzregententheaters am 8.11.1996.

Weggefährten 99

Lola

Lieber Mario,

du hast auf beneidenswerte Weise dem Alter die Stirn geboten, ihm ein Schnippchen geschlagen, wie es aussieht. Wenn ich dich im Fernsehen sehe, dann kommt es mir so vor, als habest du dich seit »Lola« kaum verändert, beneidenswert dein grauer Haarschopf auf deinem Charakterkopf.

Und, das muss dir der Neid lassen, du warst in deinen Erzählungen – während der Dreharbeiten zu »Lola« hörte ich deinen Geschichten mit Vergnügen zu – ein wunderbarer Verlierer, ein Antiheld, einer, der keinen Wert drauf legte zu gewinnen, so schien es. Manchmal hielt ich das für eine raffinierte Aufforderung dich besser zu sehen, als du dich sahst, dich noch während deiner Erzählungen ins richtige Licht zu rücken. Und dann warst du eben doch ein Held.

Charakterschauspieler, Gaukler! Mit deinen großen Erfolgen. Und dann dem Zweiten Weltkrieg entkommen zu sein, du warst schon vierzehn am Ende des Krieges, also mehr, als nur mit dem Rockzipfel dabei, das ist Lebensglück dazu. Und du bist ja mit deinen fünfundsiebzig nicht am Ende, wie ich dich kenne, wirst du noch kräftig aufsatteln können und viele Jahre dazufügen dürfen, ja Mario, das war ein tolles Gauklerleben bis hierher, und ich wünsche dir von Herzen, dass es so weitergeht. So gesehen, waren deine Verlierergeschichten ja auch gerechtfertigt, wenn schon Erfolg und Glück aus deinem Leben nicht wegzudenken sind, ist es fair, sie wenigstens in deinen Erzählungen in die Schranken zu weisen. Nach dem Motto: Zu viel vom Glück, ojemine, bringt oftmals nichts als Käse, es hat ein jeder im Gesicht, zum Fallen eine Neese.

Ich erhebe mein Glas auf dich und dein Wohl, lieber Mario!

Armin Mueller-Stahl

Endlich klappt die Zusammenarbeit mit Rainer Werner Fassbinder – als neureicher Baulöwe Schuckert in der Wirtschaftswunder-Gesellschaft, ›Lola‹, 1980.

Gedreht wurde »Lola« in Aischach in Niederbayern und in den Bavaria-Filmstudios in München-Geiselgasteig. Obwohl der eigentliche Produzent Horst Wendlandt war, hatte der die Produktion an Thomas Schühly und Fassbinder selbst abgegeben. Das hatte chaotische, aber auch positive Folgen. Chaotisch war die Organisation, weil Fassbinder den Drehplan weitgehend nach seinem Lebensrhythmus richtete. Während das Team zumeist gegen acht Uhr morgens auf der Matte stand, geruhte der Meister durchaus auch schon einmal um elf Uhr einzutreffen. Das Erstaunliche war dabei, dass er trotzdem das Tagespensum schaffte, dies allerdings mit einem Trick. Wenn die Zeit drängte, gab Fassbinder die normale szenische Auflösung in Master- oder Establishingshots, »amerikanische« Zweier-Szenen und Großaufnahmen auf und schritt kurzerhand zu der Zeit sparenden Technik, ganze Szenenblocks zu einer einzigen Einstellung zusammenzuziehen.

Zu den angenehmen Seiten bei den Dreharbeiten zu LOLA zählte die teamfreundliche Einrichtung, am Vormittag ein luxuriöses Buffet von Feinkost-Käfer auffahren zu lassen, was das Team über das übliche Warten auf Godot hinwegtröstete. Gern gesehen wurde auch, wenn Fassbinder, ein Fußball-Fanatiker, den Drehschluss vorverlegte, wenn im Fernsehen ein wichtiges Fußballspiel anstand.

Das könnte sich so anhören, als wäre bei Fassbinder nur selten wirklich gearbeitet worden. Aber ganz im Gegenteil: Wenn er einmal da und dabei war, wurde hart und schnell gearbeitet. Dabei liebte er kein ausgiebiges Probieren, er verlangte von seinen Schauspielern, auch lange Szenen fast ohne Proben durchzuspielen. Ich erinnere mich, dass wir, Barbara Sukowa und ich, uns mit dieser Art des Drehens nicht zufrieden geben wollten. So probierten wir hinter verschlossenen Türen in einer unserer Garderoben die jeweilige Szene im Voraus, denn Fassbinder durfte von unserer heimlichen Fleißarbeit nichts wissen, war aber dann von unserer eingespielten Arbeit sehr angetan.

Männerbünde, Männerbande – mit Armin Mueller-Stahl als Baudezernent von Bohm

Der Mensch ist käuflich – so die Devise des Bauunternehmers.

»Liebe ist kälter als der Tod«
(Rainer Werner Fassbinder)
– mit Barbara Sukowa als Lola.

In geistlichen Gewändern

Eine historische Begegnung – in der TV-Produktion ›Der Prozess des Galileo Galilei‹ (1989) führt Mario Adorf in der Rolle des Regisseurs ein Gespräch mit Joseph Kardinal Ratzinger, heute Papst Benedikt XVI. In der Rahmenhandlung spielt er den italienischen Astronomen.

In geistlichen Gewändern 109

Mario als Kardinal, Peter als Bischof – über die kleinen Rivalitäten am Set von ›Franziskus‹ (1988) erzählt Peter Berling eindrücklich im Vorwort.

Als Papst Urban VIII. in ›Zwischen Himmel und Höllle‹, 1983

110   In geistlichen Gewändern

Ein deutscher Bischof im ausgehenden Mittelalter – in der Rolle des Franz Graf von Waldeck, Bischof von Osnabrück und Münster, in ›König der letzten Tage‹, 1993

Hinter Klostermauern – als Franziskaner-Mönch im Krimi ›Mord im Kloster‹, 1998

In geistlichen Gewändern

In geistlichen Gewändern 113

Der Satz, den ich in England am meisten hasste und den ich immer wieder zu hören bekam, lautete: »Märiau, would you please do your job and let us do ours?!«

Ich spielte 1980 für die BBC in einem Remake von »Don Camillo und Peppone« unter dem Titel »Die kleine Welt des Don Camillo« den rauflustigen Priester. Nun war ich der einzige Ausländer unter lauter englischen Schauspielern, und das sollte für mich kein Honiglecken werden. Immer wenn ich mich als der Italienkenner zum Einspruch veranlasst sah, wenn ich etwa die wild gestikulierenden Kollegen über die Bedeutung dieser oder jener typischen italienischen Geste belehren wollte, fiel unweigerlich der Satz: ›Mario, würdest du bitte deinen Job tun und uns den unseren tun lassen?‹

Eines Tages sollte eine Szene gedreht werden, in der Don Camillo im Hause Peppones zum Abendessen eingeladen war. Ich wusste aus dem Drehbuch, dass eine Schüssel Spaghetti auf den Tisch kommen sollte. Für diese Mehlspeise begann ich mit gutem Grund zu fürchten, denn bis dahin war es mir selbst in keinem italienischen Restaurant Londons gelungen, Spaghetti »al dente« zu bekommen. Ich ging zu dem Requisiteur des Films und schlug ihm diskret vor, dass ich ihm bei der Zubereitung der Spaghetti zur Hand gehen könne. Wieder erntete ich ein: »Mario, würdest du bitte deinen Job ...«

Als die Schüssel nun am besagten Drehtag auf dem Tisch im Studio stand, waren die Spaghetti zu einem Brei verkocht, sodass man sie nicht mit zwei Gabeln aus der Schüssel heben konnte, sondern mit einem Löffel herausschaben musste. Jetzt hielt ich es nicht mehr aus und verkündete mit lauter Stimme: »Im Namen des italienischen Volkes weigere ich mich, die Szene mit diesen angeblichen Spaghetti zu drehen.«

In diesem Moment stürmten zwei gut gekleidete Herren mit wehenden Klubkrawatten ins Studio, Leute, die ich nie zuvor gesehen hatte, die sich aber als höhere Chargen in der Hierarchie der BBC zu erkennen gaben. Ich versuchte, ihnen das Vorgefallene zu erklären. Betretenes Schweigen. Danach deutete einer der beiden mit dem Zeigefinger auf die Schüssel mit den missratenen Spaghetti, schaute sich anklagend um und schrie: »Welcher unselige Mensch hat diese so genannten Spaghetti zu verantworten?«

Als rauflustiger Don Camillo in dem BBC-Remake ›Die kleine Welt des Don Camillo‹, 1980

Machtvolle Väter

116 Machtvolle Väter

Für die Rolle des brutalen und trunksüchtigen Vaters in ›Via Mala‹ (1985) wurde Mario Adorf mit dem Darstellerpreis des Bundesverbandes der Film- und Fernsehregisseure ausgezeichnet.

Als herrschsüchtiger Patriarch Alfons Rogalla in ›Heimatmuseum‹, der Verfilmung des gleichnamigen Romans von Siegfried Lenz, 1988

Schriftsteller

118   Schriftsteller und Bildhauer

und Bildhauer

Schriftsteller und Bildhauer

Unter Autorenkollegen – auf einer Lesung in der Alten Oper in Frankfurt am Main mit Peter Ustinov und Günter Lamprecht

Als Schauspieler weiß man genau: Was du jetzt tust, was du jetzt machst, wird gesehen, da wirst du angeschaut. Beim Schreiben ist das nicht so. Da habe ich das Gefühl, das kommt irgendwo anders her, das hat nichts mit meinem Gesicht zu tun, es hat nichts mit meinem Ausdruck zu tun, vielleicht auch nichts mit meiner Begabung, sondern einfach damit, dass es etwas aus einem ist.

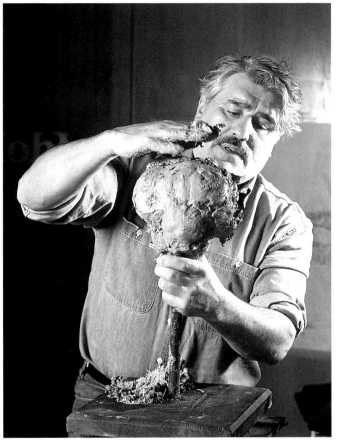

Ich wäre gerne Maler oder Bildhauer geworden. Aber in einer Zeit, als es mich drängte, Leinwände mit Ölfarbe zu bepinseln, gab es weder Leinwände noch Pinsel und schon gar keine Ölfarben. Ich beschränkte mich auf Bleistift- oder Tuschzeichnungen, verdiente nach dem Krieg mit dem Nachzeichnen von Vorkriegsfotos inzwischen zerstörter Häuser und Ansichten meiner Heimatstadt ein kleines Taschengeld. In den Schulzeugnissen war mein einziges durchgehendes Einserfach das Zeichnen.

Später interessierte mich die Bildhauerei, das Modellieren. Es hatte damit begonnen, dass ich in den Schulpausen die Rinde der trockenen Maisbrotschnitten zuerst aß, während ich den übrigen Teig zu irgendwelchen Tieren formte und dann hinunterwürgte. Ich machte mich ans Schnitzen und erlangte darin eine gewisse Fertigkeit. Es gibt da und dort noch einige »Werke«.

Es wurde dann doch nichts aus dem Traumberuf: Die Begegnung mit der Kunst Michelangelos, den Sklaven und dem David in der Florentiner Akademie, seiner Malerei in der Sixtinischen Kapelle waren das erste entscheidende Kunsterlebnis, dies hatte allerdings zur Folge, dass ich jede Hoffnung auf eine Maler- oder Bildhauerkarriere aufgab. In den 50er Jahren lernte ich dann den Berliner Bildhauer Ernst Fritz Reuter kennen. Er schuf von mir einen Bronzekopf, wir wurden Freunde, und ich wurde so etwas wie sein Schüler. Ich ging ihm bei seiner Arbeit zur Hand, probierte selbst kleine Tonarbeiten, sogar einen Kopf von »Fritze«, der nach seinem Tod als Selbstportrait des Meisters in einer Ausstellung auftauchte.

Schriftsteller und Bildhauer 121

München leuchtet

Bildunterschriften von Helmut Dietl

Von Mario konnte man vieles lernen, zum Beispiel, wie man das richtige Fotogesicht macht: Kopf leicht schief, rechtes Augenlid etwas gesenkt, dazu ein feines Lächeln, als stünde man einer schönen Frau gegenüber.

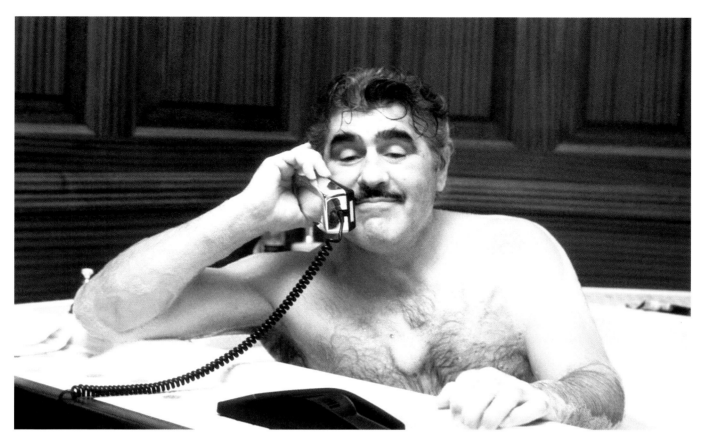

Jetzt lassen Sie Ihre Herrn mal warten, gnädige Frau – mit mir machen Sie heute noch´n dickes Geschäft. (Kir Royal, 1986)

Halt den Mund, du Knecht, und leg mir mir die Olle rauf auf´s Zimmer. (Kir Royal, 1986)

München leuchtet

Jetzt lassen wir mal die Sau raus, Kinder!
(Kir Royal, 1986)

Senta und Mario:
ein Traumpaar und ein
seltener Glücksfall für einen
Regisseur
(Kir Royal, 1986)

Die Arbeit mit Mario gehört zu den schönsten Erfahrungen meines Filmlebens. Er ist nicht nur ein grandioser Schauspieler – er ist einfach gescheit. Ich musste ihm nie etwas erklären, er hatte es schon vorher verstanden – manchmal besser als ich.

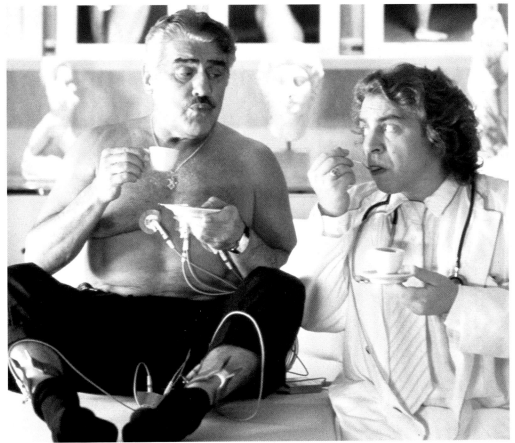

Ich habe Schmerzen am Herzen, Dottore ...
(Rossini, 1997)

München leuchtet 125

Mario braucht gar nichts zu sagen – es reicht schon, wenn er einfach nur schaut. Man könnte einen ganzen Stummfilm mit ihm drehen – und immer nur schauen, wie er schaut.
(Rossini, 1997)

Im Drehbuch stand: »Rossini weiß nicht, wie er auf die seltsame Person, deren Busen etwas verruscht ist, reagieren soll.« Hier das Ergebnis – wunderbar.
(Rossini, 1997)

126 München leuchtet

Uhu – ich habe eine Frau kennen gelernt, eine Frau, sage ich dir – wie aus dem Märchen.
(Rossini, 1997)

Wir werden heiraten, sie wird die Mutter meiner Kinder sein ... die Hüterin meines Hauses ... die Freude meiner Augen ... der Trost meines Alters!
(Rossini, 1997)

München leuchtet 127

Straßenfeger

*Die großen Vier in ›Der große Bellheim‹, 1991 – mit Will Quadflieg,
Heinz Schubert und Hans Korte. Regie führte Dieter Wedel.*

Besser als das Karstadt-Management – als Peter Bellheim, der mit einem Oldie-Quartett sein Kaufhaus-Imperium saniert

Liebesverwicklungen – mit Renan Demirkan

Als Drahtzieher des organisierten Verbrechens in ›Der Schattenmann‹ (Regie Dieter Wedel, 1995) – hier mit Heiner Lauterbach und Stefan Kurt

Straßenfeger 131

»Der grosse Bellheim« war in vieler Hinsicht ein Glücksfall, nicht nur für mich. Dass Dieter Wedel mich mit der Titelrolle aus dem Charakterfach holte und als »Mittelpunktsschauspieler« einsetzte, dass ich in ein wunderbares Ensemble großer Kollegen wie Will Quadflieg, Heinz Schubert und Hans Korte gestellt wurde und dass die Geschichte der Alten, die in unserer Gesellschaft noch eine wichtige Rolle spielen können, als Zeitthema den Nagel auf den Kopf getroffen hatte, machten die Serie zum Straßenfeger und Langzeiterfolg.

Der »Schattenmann« war für mich eine ebenso interessante, facettenreiche Rolle neben Stefan Kurt, Heiner Lauterbach und Heinz Hönig, während der Beton-Walter in der »Affäre Semmeling« eher eine schwierige Aufgabe war: Der Darstellung eines krebskranken Politikers näherte ich mich nur zögerlich.

Die graue Eminenz in der Hamburger Politik – als Senator Walter Wegener, genannt Beton-Walter, in Wedels Sechsteiler ›Die Affäre Semmeling‹, 2002

Rom und St.

Zuhause im Süden

Tropez

Rom und St. Tropez 135

Über den Dächern von St. Tropez

138 Rom und St. Tropez

Auf dem Fischmarkt von St. Tropez

Der Witzemacher

Der Witzemacher

»Ein Schauspieler, der nicht spielt, ist eigentlich überhaupt nichts.«

Als Germanen-Held Hagen von Tronje – bei den Proben zur Freilicht-Inszenierung von ›Die Nibelungen‹ bei den Nibelungen-Festspielen in Worms, 2002

Ein Schauspieler ... 143

Mit Regisseur Dieter Wedel, der die gewitzte Modernisierung des Mythos durch Moritz Rinke in Szene setzte.

144 Ein Schauspieler ...

Ein Literaturnobelpreisträger trifft einen Journalisten – mit Justus von Dohnányi in Eric-Emmanuel Schmitts Stück ›Enigma‹, Renaissance-Theater Berlin 2004. Nicht zuletzt eine Wiederbegegnung mit Volker Schlöndorff, der Regie führte.

Ein Schauspieler ... 145

Die Arbeit fürs Theater verdanke ich wohl Mario ebenso sehr wie Horst Filohn vom Renaissance-Theater. Jedenfalls habe ich keine Sekunde gezögert, die Regie von »Enigma« zu übernehmen, obwohl ich ja ziemlich bühnenunerfahren bin. Hier würde sich der Kreis schließen, dachte ich in Erinnerung an unsere erste Begegnung: Mario, der pointensichere Charakterdarsteller, würde mich in die Kunst des gehobenen Boulevards einführen.

So war es dann auch: Zunächst die Arbeit am Text, denn wenn der Dialog nicht stimmt, müht sich der Schauspieler vergeblich. Ein guter Teil der Probenzeit verging mit Feilen am Text. Dabei habe ich einen völlig neuen Mario erlebt, den Schriftsteller eben, der er inzwischen geworden war. Beide des Französischen kundig fiel es uns trotzdem nicht leicht, den »Esprit« des Eric-Emmanuel Schmitt ins Deutsche zu übertragen. Die Proben waren der tägliche Härtetest für die Sprache, der sich auch noch bei den ersten Voraufführungen fortsetzte.

Mit Publikum im Saal konnte ich dann zum ersten Mal den Theatermenschen Adorf erleben. Gemeinsam entdeckten wir bald, dass am Ende des Abends umso weniger Applaus ertönte, je mehr Lacher es gab. Hatte das Publikum sich schon während der Vorstellung verausgabt? Nein. Wurden alle Situationen und Dialoge auf die Pointen hin gespielt, kam weniger Emotion auf. Je ernsthafter dagegen die Charaktere bedient wurden, desto weniger wurde gelacht und umso größer war der Applaus und die Begeisterung des Publikums am Ende.

Volker Schlöndorff

Selbst die Werbespots für die **Aachen Münchener** erlangten Kultstatus

Was han ich jesacht: Der Heiko trifft wieder

Ein Schauspieler ... 149

Es ist nur ein Kratzer – ich bin ja gut versichert

Die versicherte Torte

Ich möchte, dass du noch was davon hast

Der Fallschirm hakt: Schau mal nach, ob die Versicherung bezahlt

Ein Schauspieler ...

In dem Traum, den ich vor kurzem hatte – einer der ganz wenigen, die ich überhaupt nach dem Erwachen erinnere –, wurde mir eine kostbare Erkenntnis vorgegaukelt.

Mir träumte, ich stehe vor einer großen, ledergepolsterten Tür, klopfe an den schmalen Türrahmen und höre ein fernes, gedämpftes »Avanti!«. Ich trete ein. Es ist das geräumige Büro eines berühmt-berüchtigten italienischen Filmproduzenten. Der kleinwüchsige Mogul reicht mir über die riesige Marmorplatte seines Schreibtischs hinweg mit teuflischem Grinsen ein Dokument. Ich lese darin zu meiner Verwunderung, dass ich probeweise in eine andere Abteilung der Filmbranche versetzt bin. Ein Mann kommt herein, ein muskelbepackter Hüne, den ich einmal als Stuntman bei einem Italo-Western kennen gelernt hatte. Der packt mich brutal am Arm und führt mich in den kleinen Vorführraum eines Kinos. Er hilft mir in einen grauen Kittel, zeigt stumm auf die Filmprojektoren, zwei schwarze vorsintflutliche Ungetüme, und lässt mich allein.

Meine Aufmerksamkeit gilt dem Ablaufen des Filmstreifens, der mit 24 Bildern in der Sekunde an dem Objektiv vorne vorbeirattert und die immer gleichmäßig laufenden Bilder erzeugt. Als wäre es etwas ganz Neues und Faszinierendes, sehe ich, dass die fast volle Abwickeltrommel sich sehr träge bewegt, der Film jedoch vor dem Bildfenster unvermindert rasch vorbeiläuft. Bald dreht sich die Filmrolle schneller und schneller, der Film jedoch wird mit dem gleichen Tempo projiziert.

Plötzlich überflutet mich glückhaft eine Erkenntnis, wie sie Archimedes empfunden haben mochte: Ich entdecke in diesem mechanischen Phänomen – die Relativität der Zeit! Ich hatte es immer schon geahnt, jetzt wird es mir ganz klar: Es gibt zwei Arten von Zeit! Der gleich bleibende Vorgang des Projizierens ist die objektive, messbare Zeit, das sich verändernde, anfangs langsame, dann immer schnellere Drehen der Rolle ist die subjektive, die gelebte, die relative Zeit. Heureka! Einsteins Theorie ist überholt! Klar erscheint meine neue Formel auf dem Film. Sie ist von wunderbarer Einfachheit: Die Zeit ist nicht gebogen, die Zeit ist gespalten, zweigeteilt!

Ich starre gebannt auf die abrollende Filmspule und weiß auf einmal: In dieser relativen Zeit läuft mein Leben ab, und das hier ist mein Leben, der Film meines Lebens! Ich stürze zu der kleinen Glasscheibe, schaue zu der fernen Leinwand im Zuschauerraum hinunter, und tatsächlich: Auf der Leinwand laufen ganz langsam Szenen aus meiner Kindheit ab, tollkühnes Schlittenfahren, taumelnde Stürze in den kalten, nassen Schnee, das sich unablässig drehende Rad der Nähmaschine meiner Mutter, der Schulhof mit den hohen Pappeln, Rohrstockschläge auf die Fingerspitzen, das Knien auf harten Kirchenbänken, die Sirene, die auf dem Gefängnisdach gegenüber mitten in der Nacht aufheult, die Rauchsäule über der brennenden Synagoge am nächsten Morgen. Der Sturz

152   Ein Schauspieler …

vom Leiterwagen, der Armbruch, der alte lächelnde Arzt, die Narkose, der Arm im Gips. Angstvolle Nächte im Luftschutzkeller, das Pfeifen der Bomben, der Einschlag ins Haus ... Amerikanische Panzer, Wrigley's Spearmint Gum, Lucky Strike ... Der Geruch des Klassenzimmers nach den großen Ferien, die Gesichter der alten Lehrer. Ein Care-Paket aus Amerika mit altmodischen Knickerbocker-Hosen und spitzen Jimmy-Schuhen. Der Spott der Schulkameraden. Ein verlorener Boxkampf, Mädchen, die erste große Liebe ...

Jetzt rollt die Filmspule schon schneller ab, die Szenen werden kürzer, vom Schlaf geplagte Vorlesungen an der Uni, Hoover-Schulspeisung, Reisen im überhitzten Zugabteil 3. Klasse, Florenz, die Sklaven Michelangelos, Rom, Paestum, der Ätna im rosaroten Morgenlicht ... Die einzige Begegnung mit meinem Vater, sprachlos ... Theater, Textangst, Kortnerproben, Brecht auf die Weigel gestützt, die Giehse, Lühr, Domin ... Siodmaks schwarze Augen ...

Dann merkwürdig blass, doch immer schneller, fliegen ganze Jahre dahin. Rollen, Masken, Filme, Frauen, wenige gebliebene Gesichter, Brüste, Hände ... Reisen in Düsenflugzeugen, Dschungel, Machu Picchu ...

Jetzt nähert sich unaufhaltsam das Ende des Films, keine Szenen mehr, nur noch Fetzen, meine Mutter, die immer gebückter geht, kleiner wird, friedlich tot daliegt. Und immer mehr Gesichter verstorbener Freunde: Graf und Everding spielen vierhändig Klavier, Strack unglaublich jung und schlank, mit Weintrauben im Haar, Schubi fotografiert Tote, die wieder leben, reden, lachen und zu tanzenden Schaufensterpuppen werden. Die Rolle dreht sich schneller und schneller, dann enden die Bilder, da ist nur noch ein Stück flimmernder Weißfilm, vielleicht für den verbleibenden Rest gedacht – das bisschen Zukunft nur? Da schlägt schon das Ende des Zelluloids in der leeren Trommel um sich, ich will es verzweifelt fassen: Es kann doch noch nicht das Ende sein! Ich gerate mit der Hand in die sich rasend drehende Trommel, ich werde von ihrer Kraft hoch in den Himmel geschleudert und falle, ich sehe weit unter mir das Meer, ich falle immer tiefer, mit einem Klatschen tauche ich ein in tiefblaues Wasser. Stille. Nur das Blubbern der Luftblasen, die aus meinem Mund perlen. Um mich herum Tausende von kleinen bunten Fischen, die ich berühren kann, ohne dass sie erschreckt davonstieben. Ich schwimme und entdecke verwundert und beglückt, dass ich unter Wasser atmen kann. In der einen Hand halte ich die gerettete kleine Filmrolle, die Einstein widerlegt.

Ich gelange an die Wasseroberfläche und wache auf. Schlaftrunken stehe ich auf, trete ans Fenster, schaue zum tiefblauen römischen Morgenhimmel hinauf. Ein schöner Tag beginnt.

154 Ein Schauspieler ...

Ein Schauspieler ... 155

Filmographie

Eine Auswahl aus fünfzig Jahren vor der Kamera

Filme und TV-Produktionen	Jahr	Regie
08/15-Trilogie	1954/55	Paul May
Nachts, wenn der Teufel kam	1957	Robert Siodmak
Nachtasyl	1959	Paul Verhoeven
Das Totenschiff	1959	Georg Tressler
Das Mädchen Rosemarie	1959	Rolf Thiele
Am Tag, als der Regen kam	1959	Gerd Oswald
Schachnovelle	1960	Gerd Oswald
Lulu	1962	Rolf Thiele
Endstation 13 Sahara	1962	Seth Holt
Moral 63	1963	Rolf Thiele
Die zwölf Geschworenen	1963	Günter Gräwert
Winnetou I	1963	Harald Reinl
Die Goldsucher von Arkansas	1964	Paul Martin
Der letzte Ritt nach Santa Cruz	1964	Rolf Olsen
Major Dundee/Sierra Charibba	1965	Sam Peckinpah
Herr Puntilla und sein Knecht Matti	1966	Rolf Hädrich
Ganovenehre	1966	Wolfgang Staudte
Eine Rose für alle	1967	Franco Rossi
Die Über-Sinnliche	1968	Renato Castellani
Die Herren mit der weißen Weste	1969	Wolfgang Staudte
Gewalt – die fünfte Macht im Staat	1972	Florestano Vancini
Die Ermordung Matteottis	1973	Florestano Vancini
Der Dritte Grad	1975	Peter Fleischmann
Die verlorene Ehre der Katharina Blum	1975	Volker Schlöndorff/Margarethe von Trotta
MitGift	1976	Michael Verhoeven

Bomber und Paganini	1976	Nicos Perakis
Gefundenes Fressen	1977	Michael Verhoeven
Fedora	1978	Billy Wilder
Deutschland im Herbst	1978	Rainer Werner Fassbinder u. a.
Die Blechtrommel	1979	Volker Schlöndorff
Giganten der Landstraße	1980	Robert Enrico
Die kleine Welt des Don Camillo	1980	Peter Hammond
Lola	1981	Rainer Werner Fassbinder
Via Mala	1985	Tom Toelle
Momo	1986	Johannes Schaaf
Kir Royal	1986	Helmut Dietl
Heimatmuseum	1988	Egon Günther
Francesco	1989	Liliana Cavani
Stille Tage in Clichy	1990	Claude Chabrol
Pizza Colonia	1991	Klaus Emmerich
Der große Bellheim	1992	Dieter Wedel
König der letzten Tage	1993	Tom Toelle
Der Schattenmann	1996	Dieter Wedel
Fräulein Smillas Gespür für Schnee	1997	Bille August
Rossini	1997	Helmut Dietl
Epsteins Nacht	2001	Urs Egger
Die Affäre Semmeling	2002	Dieter Wedel
Vera – Die Frau des Sizilianers	2004	Joseph Vilsmaier

Bildnachweis

Privatarchiv Mario Adorf
S. 7, 10, 12, 13, 25, 26, 33, 37, 39, 41, 42, 43, 44, 45, 47 57, 61, 62. 63, 64, 65, 68 oben, 72, 73, 75, 77 unten, 87, 89 oben, 90, 91, 98 oben, 122, 154, 155

Privatarchiv Peter Berling
S. 9, 140, 141

Agentur Drama
S. 145, 146

Agentur Smart
148, 149, 150, 151

Cinetext
S. 44 links, 49, 51 unten, 52, 53, 67 oben, 70 unten, 79, 82, 83, 85, 86, 89 unten, 98 unten, 99 oben, 123, 124 oben, 125, 126 unten, 130, 131, 145

Columbia Pictures
S. 59 unten

Constantin Film – Tanaka
S. 69 unten

defd
S. 67 unten, 110, 111 oben, 127

Deutsches Theatermuseum, Archiv Hildegard Steinmetz
S. 29, 30, 31, 32, 34, 35

dpa
S. 69 oben, 76, 96, 97, 99 unten, 120

DR, La Revue du Golfe de Saint-Tropez
S. 93

Filmmuseum Berlin
S. 81, 126 oben

Fotomuseum München, Sammlung Hubs Flöter
S. 48 oben

Hipp-Foto/Lothar Winkler
S.14, 16, 17, 18, 19, 20, 21, 22, 23, 94, 95, 111 unten, 118 oben, 121, 134, 135

N.C.E. Italiana
S. 48 unten, 54, 55

People Picture
S. 112, 113, 115

Rialto Film GmbH
S. 101, 103, 104/105, 106, 107

Ringpress/Columbia-Bavaria
S. 59 oben

Schott AG
S. 24

Teutopress GmbH
S. 118 unten

Ullstein Bild
S. 50, 51 oben. 124 unten

WDR
S. 108, 109

ZDF Bilderdienst
S. 128, 133

Myriam Bru
S. 116

Michelangelo Giuliani
S. 70, 71

Marion Hammerschmidt
S. 11

Gabriela Meros
S. 5, 136, 137

Ivan Minar
S. 117

Karin Rocholl
S. 138, 139, 143, 144

Kurt Steinhausen
S. 119

Dario Vidmar
S. 77 oben

Barbara E. Volkmer
S. 150 unten

Der Verlag konnte nicht alle Inhaber der Urheberrechte ermitteln. Sie werden gebeten, eventuelle Ansprüche geltend zu machen.

Textnachweis

Originalbeiträge von
Mario Adorf, Peter Berling, Helmut Dietl, Günter Grass, Armin Mueller-Stahl und Volker Schlöndorff.

Mario Adorf, Himmel und Erde, Unordentliche Erinnerungen.
© 2004 by Verlag Kiepenheuer & Witsch, Köln: S. 38–40, 80f., 92, 102, 114

Mario Adorf, Der römische Schneeball. Wahre und erfundene Geschichten.
© 2000 by Verlag Kiepenheuer & Witsch, Köln: S. 152f.

Mario Adorf, Der Mäusetöter.
© 1992 by Verlag Kiepenheuer & Witsch, Köln: S. 56, 58–60

Mario Adorf, Der Fenstersturz.
© 1996 by Verlag Kiepenheuer & Witsch, Köln: S. 28f., 74

Elke Heidenreich, Kindheitsmuster – Mario Adorf. Aus: Stern Biographie, Heft 1, Februar 2005.
© Elke Heidenreich: S. 15–23

1. Auflage 2005

© 2005 by Verlag Kiepenheuer & Witsch, Köln
Alle Rechte vorbehalten. Kein Teil des Werkes darf in irgendeiner Form
(durch Fotografie, Mikrofilm oder ein anderes Verfahren) ohne schriftliche
Genehmigung des Verlages reproduziert oder unter Verwendung elektronischer
Systeme verarbeitet, vervielfältigt oder verbreitet werden.
Layout und Produktionsleitung: Monika König
Bild- und Textredaktion: Stephanie Kratz
Umschlaggestaltung: Linn-Design, Köln
Umschlagfoto: © Margot Hammerschmidt
Gesetzt aus der Univers
Satz und Reproarbeit: grafik & sound, Köln
Druck und Bindearbeiten: Mohn media Mohndruck GmbH, Gütersloh
ISBN 3-462-03620-3